Gewidmet meiner Mutter Sigrid Milan

Christian Milan

Geschäftsmodelle in der Elektromobilität

Wirtschaftlichkeit von Elektroautos und Traktionsbatterien

www.emobilitaetonline.de/verlag

© 2013 Christian Milan

Umschlaggestaltung, Illustration: Zahm & Zornig Werbeagentur
Lektorat, Korrektorat: Sebastian Möller, Kai Reinecke

Verlag: eMobilitätOnline Print ein Imprint der tredition GmbH, Hamburg
ISBN: 978-3-8495-5184-1
Printed in Germany

Das Werk, einschließlich seiner Teile, ist urheberrechtlich geschützt. Jede Verwertung ist ohne Zustimmung des Verlages und des Autors unzulässig. Dies gilt insbesondere für die elektronische oder sonstige Vervielfältigung, Übersetzung, Verbreitung und öffentliche Zugänglichmachung.

Bibliografische Information der Deutschen Nationalbibliothek:
Die Deutsche Nationalbibliothek verzeichnet diese Publikation in der Deutschen Nationalbibliografie; detaillierte bibliografische Daten sind im Internet über http://dnb.d-nb.de abrufbar.

Inhaltsverzeichnis

Inhaltsverzeichnis 5
Tabellenverzeichnis 8
Abbildungsverzeichnis 11
Formelverzeichnis 13
Kapitel 1 – Einleitung 15
Kapitel 2 – Methodische Vorgehensweise 17
Kapitel 3 – Wirtschaftliche und technische Grundlagen 19
Kapitel 3.1 – Beschreibung der Lithium-Ionen Technologie 19
Kapitel 3.1.1 – Klassifizierung von Lithium-Batterien 19
Kapitel 3.1.2 – Zellmaterialien 23
Kapitel 3.1.3 – Rohstoffverfügbarkeit 26
Kapitel 3.2 – Wertschöpfungsketten und Akteure in der Elektromobilität 27
Kapitel 3.2.1 – Produktion 28
Kapitel 3.2.2 - Vertrieb 29
Kapitel 3.2.3 - Energieversorgung 30
Kapitel 3.2.4 - Reparatur und Wiederverwertung 30
Kapitel 3.3 - Kosten eines Elektroautos 31
Kapitel 3.3.1 - Total-Cost-of-Ownership Ansatz 32
Kapitel 3.3.2 - Vorstellung des Referenzfahrzeuges 34
Kapitel 3.3.3 – Batteriekosten 40
Kapitel 3.3.4 - Übersicht aller Anschaffungs- & Nutzungskosten .. 49
Kapitel 3.3.5 - Unsicherheiten und Risiken 51
Kapitel 3.4 - Fahrprofile 54
Kapitel 3.5 - Zusammenfassende Übersicht 56

Kapitel 4 – Entwicklung eines Verfahrens zur Analyse und Bewertung der Eigentumsmodelle 58
Kapitel 4.1 – Vorgehensweise bei der Modellbewertung 58

Kapitel 4.2 - Ausgewählte Modelleigenschaften 60
Kapitel 4.3 - Verwendete Skala und Vergleichsgrößen 62

Kapitel 5 – Vermarktungs- und Eigentumskonzepte für Traktionsbatterien 64
Kapitel 5.1 – Batteriekauf 65
Kapitel 5.1.1 - Konzeptvorstellung 65
Kapitel 5.1.2 - Kostenberechnung 70
Kapitel 5.1.3 - Modellergebnisse und –bewertung 71
Kapitel 5.1.4 - Zusammenfassende Übersicht 79
Kapitel 5.2 - Batterieleasing 80
Kapitel 5.2.1 - Konzeptvorstellung 80
Kapitel 5.2.2 - Kostenberechnung 86
Kapitel 5.2.3 - Modellergebnisse und –bewertung 90
Kapitel 5.2.4 - Zusammenfassende Übersicht 96
Kapitel 5.3 - Batterieversicherung 98
Kapitel 5.3.1 - Konzeptvorstellung 98
Kapitel 5.3.2 - Kostenberechnung 102
Kapitel 5.3.3 - Modellergebnisse und -bewertung 105
Kapitel 5.3.4 - Zusammenfassende Übersicht 111
Kapitel 5.4 - Batterievermietung 113
Kapitel 5.4.1 - Konzeptvorstellung 113
Kapitel 5.4.2 - Kostenberechnung 119
Kapitel 5.4.3 - Modellergebnisse und –bewertung 122
Kapitel 5.4.4 - Zusammenfassende Übersicht 128
Kapitel 5.5 - Batterievermietung mit Wechselstationen 130
Kapitel 5.5.1 - Konzeptvorstellung 130
Kapitel 5.5.2 - Kostenberechnung 136
Kapitel 5.5.3 - Modellergebnisse und -bewertung 138
Kapitel 5.5.4 - Zusammenfassende Übersicht 144

Kapitel 6 – Analyse und Diskussion der Ergebnisse 146
Kapitel 6.1 - Gegenüberstellung der Konzepte 146
Kapitel 6.1.1 - Wirtschaftlichkeit 147
Kapitel 6.1.2 - Modelleigenschaften 156
Kapitel 6.2 – Sensitivitäts- und Wirtschaftlichkeitsanalyse 159

Kapitel 6.2.1 - Entwicklung des Benzinpreises 160
Kapitel 6.2.2 - Entwicklung der Batteriekosten 162
Kapitel 6.2.3 - Vergleich mit anderen Batterietechnologien 163
Kapitel 6.2.4 - Fahrleistungen 166
Kapitel 6.2.5 - Batteriekapazität 168
Kapitel 6.2.6 - Risikoaufschläge 169
Kapitel 6.3 - Handlungsempfehlungen 171
Kapitel 6.3.1 - Entwicklung einer Anwendungsstrategie 171
Kapitel 6.3.2 - Weitere Handlungsempfehlungen 173
Kapitel 6.4 - Kritische Einschätzung und offene Fragen 174

Literaturverzeichnis 177

Anhang 185
Anhang A - Entwicklung des Total-Cost-of-Ownership Models . 185
Anhang A.1 - Fahrzeug- und Antriebsstrangkosten 185
Anhang A.2 - Finanzierungskosten, Opportunitätskosten und
Wertverlust 189
Anhang A.3 - Treibstoffkosten 191
Anhang A.4 - Kosten für Steuern, Versicherungen & Gebühren .. 194
Anhang A.5 - Kosten für Wartung, Instandhaltung und
Batteriewechsel 196
Anhang B - Graphische Darstellung der Sensitivitätsanalyse 199
Anhang B.1 - Variation des Benzinpreises 199
Anhang B.2 - Variation des Zellpreises der Referenzbatterie 202
Anhang B.3 - Variation der Batterieausfallraten und
Lebensdauerverkürzungen 205
Anhang B.4 - Variation der Batteriegröße 207

Tabellenverzeichnis

Tabelle 1: Übersicht der Eigenschaften von Kathodenmaterialien für Lithium-Ionen Batterien 24
Tabelle 2: Kenndaten des Referenzfahrzeuges 35
Tabelle 3: Kenndaten der angenommenen Referenzbatterie 39
Tabelle 4: Rückmeldungen der durchgeführten Preisumfrage 41
Tabelle 5: Zellkosten der Referenzbatterie basierend auf Zellen mit LiFePO4-Kathode 43
Tabelle 6: Kostenreduktionspotenziale bei der Batterieherstellung 47
Tabelle 7: Angenommene Zellpreisentwicklung der Referenzbatterie bis zum Jahr 2025 48
Tabelle 8: Übersicht aller Kosten des elektrischen und verbrennungsmotorischen Referenzfahrzeuges 50
Tabelle 9: angenommene Strom- und Benzinpreise 50
Tabelle 10: Angenommene Wahrscheinlichkeiten für das Haltbarkeits- und Restwertrisiko 52
Tabelle 11: Betrachtete Fahrprofile 55
Tabelle 12: Verwendete Bewertungsskala 63
Tabelle 13: Beschreibung des Eigentumsmodells "Batteriekauf" 69
Tabelle 14: Einflussfaktoren des Kaufpreises und verwendete Annahmen 70
Tabelle 15: Gesamtkosten der Fahrzeugnutzung für das Modell Batteriekauf (Barwerte) 73
Tabelle 16: Übersicht der Vor- und Nachteile des Batteriekaufs aus Kundensicht 79
Tabelle 17: Beschreibung des Eigentumsmodells "Batterieleasing" 84
Tabelle 18: Zur Berechnung der Leasinggebühr verwendete Fahrzeugleasingraten und zugrundeliegende Annahmen 88
Tabelle 19: Gesamtkosten der Fahrzeugnutzung für das Modell Batterieleasing im Vergleich zum Batteriekauf (Barwerte) 91

Tabelle 20: Übersicht der Vor- und Nachteile des Batterieleasings aus Kundensicht 97
Tabelle 21: Beschreibung des Eigentumsmodells "Batterieversicherung" 100
Tabelle 22: Einflussfaktoren der Versicherungsprämie und verwendete Annahmen 104
Tabelle 23: Gesamtkosten der Fahrzeugnutzung für das Modell „Batterieversicherung" im Vergleich zum Batteriekauf (Barwerte) 106
Tabelle 24: Übersicht der Vor- und Nachteile des Batterieleasings aus Kundensicht 112
Tabelle 25: Beschreibung des Eigentumsmodells "Batterievermietung" 117
Tabelle 26: Einflussfaktoren der Mietgebühren und verwendete Annahmen 121
Tabelle 27: Gesamtkosten der Fahrzeugnutzung für das Modell „Batterievermietung" im Vergleich zum Batteriekauf (Barwerte) 123
Tabelle 28: Übersicht der Vor- und Nachteile der Batterievermietung aus Kundensicht 129
Tabelle 29: Beschreibung des Eigentumsmodells "Batterievermietung mit Wechselstationen" 133
Tabelle 30: Einflussfaktoren der Mietgebühren und verwendete Annahmen 138
Tabelle 31: Gesamtkosten der Fahrzeugnutzung für das Modell „Batterievermietung mit Wechselstationen" im Vergleich zum Batteriekauf (Barwerte) 139
Tabelle 32: Übersicht der Vor- und Nachteile der Batterievermietung aus Kundensicht anhand ausgewählter Eigenschaften 144
Tabelle 33: Fahrzeugnutzungskosten des Referenzfahrzeuges im Vergleich 148
Tabelle 34: für die Wirtschaftlichkeit des Elektroautos nötige Benzinpreise im Jahr 2030 bei linearer Entwicklung 161
Tabelle 35: Zellpreise ab denen die Wirtschaftlichkeit verschiedener Eigentumsmodelle erreicht wird 162

Tabelle 36: Verwendete Kenndaten der Pb-Gel und der Ni-MH Batterie 164
Tabelle 37: Mögliche Zellausfallraten und Lebensdauerverkürzungen bei Ausschöpfung der Kfz-Versicherungseinsparung 170
Tabelle 38: Kosten des konventionellen Antriebsstranges inkl. Fahrzeug 186
Tabelle 39: Kosten des batterieelektrischen Antriebsstranges inkl. Fahrzeug 187
Tabelle 40: Listenpreise am Markt verfügbarer Elektroautos im Kleinwagensegment (Stand 2010) 189
Tabelle 41: Finanzierungskonditionen für das Referenzfahrzeug 190
Tabelle 42: Jährliche Steuersätze, Versicherungsprämien und Gebühren für das Referenzfahrzeug (Stand 2010) 194
Tabelle 43: Wartungs- und Instandhaltungskosten für das Referenzfahrzeug 196

Abbildungsverzeichnis

Abbildung 1: Klassifizierung von Lithium Sekundärbatterien 22
Abbildung 2: Wertschöpfungsketten und Marktakteure 28
Abbildung 3: Total Cost of Ownership Modell eines PKW 33
Abbildung 4: Zukünftige Preise von Lithium-Ionen-Batterien 45
Abbildung 5: Kostenzusammensetzung eines Batteriesystems 46
Abbildung 6: Ablauf des Vergleichsverfahrens 59
Abbildung 7: Schematische Darstellung des kreditfinanzierten Batteriekaufs 66
Abbildung 8: Gegenüberstellung der anfallenden Kosten für Batterie und Fahrzeug (barwertbezogen) 75
Abbildung 9: Zusammensetzung der nominellen Batterienutzungskosten 76
Abbildung 10: Nutzungskosten des Batteriekaufs über die Lebensdauer des Referenzfahrzeuges (Nominalwerte) 77
Abbildung 11: Schematische Darstellung des Batterieleasings 82
Abbildung 12: Zusammensetzung der Batterienutzungskosten für das Leasingmodell (Nominalwerte) 92
Abbildung 13: Jährliche Nutzungskosten des Batterieleasing im Vergleich zum Batteriekauf (Nominalwerte) 94
Abbildung 14: Schematische Darstellung der Batterieversicherung 99
Abbildung 15: Zusammensetzung der nominellen Batterienutzungskosten des Kunden für das Versicherungsmodell 107
Abbildung 16: Jährliche Batterienutzungskosten der Batterieversicherung im Vergleich zum Batteriekauf (Nominalwerte) 109
Abbildung 17: Schematische Darstellung der Batterievermietung 115
Abbildung 18: Zusammensetzung der nominellen Batteriekosten für das Vermietungsmodell 124

Abbildung 19: Jährlich Nutzungskosten der Batterievermietung im Vergleich zum Batteriekauf (Nominalwerte) 126
Abbildung 20: Schematische Darstellung der Batterievermietung mit Wechselstationen 132
Abbildung 21: Zusammensetzung der nominellen Batteriekosten für das Vermietungsmodell mit Wechselstationen 141
Abbildung 22: Gegenüberstellung der Mobilitätskosten des Benziners mit den Eigentumsmodellen (barwertbezogen) 151
Abbildung 23: Nominale Kosten aller Modelle über die Zeit im Vergleich zum Benziner 153
Abbildung 24: Zusammensetzung der nominellen Batterienutzungskosten aller Modelle im Vergleich 155
Abbildung 25: Vergleich der Modelleigenschaften mit dem Batteriekauf 158
Abbildung 26: Mobilitätskosten in Abhängigkeit von der Zellpreisentwicklung im Vergleich zu Ni-MH und Pb-Batterien. 165
Abbildung 27: Mobilitätskosten in Abhängigkeit von der jährlichen Fahrleistung 167
Abbildung 28: Einordnung der Eigentumsmodelle in eine einheitliche Anwendungsstrategie 172
Abbildung 29: Ermittlung zukünftiger Strompreise auf Basis von Vergangenheitswerten 193
Abbildung 30a-c: Mobilitätskosten des Benziners in Abhängigkeit von der Benzinpreisentwicklung 200
Abbildung 31a-c: Mobilitätskosten in Abhängigkeit von der Zellpreisentwicklung 203
Abbildung 32: jährliche Risikoprämie bei Variation der Zellausfallrate 206
Abbildung 33: jährliche Risikoprämie bei Variation der Lebensdauerverkürzung 207
Abbildung 34a-c: Mobilitätskosten bei Variation der Batteriekapazität 208

Formelverzeichnis

Formel 1: Reaktionsgleichung der Lithium-Ionen Batterie 23
Formel 2: Verwendete Formel zur Berechnung der Kosten des Batteriekaufs 71
Formel 3: Verwendete Formel zur Berechnung des Endkundenpreises für das Batterieleasing 87
Formel 4: Berechnung der Prämie einer Batterieausfallversicherung 103
Formel 5: Verwendete Formel zur Berechnung des Endkundenpreises für die Batterievermietung 120
Formel 6: Verwendete Formel zur Berechnung des Endkundenpreises für die Batterievermietung 136

Kapitel 1 – Einleitung

Im Jahr 2007 beschlossen die europäischen Staatschef die Treibhausgasemissionen bis zum Jahre 2020 um 20% gegenüber dem Jahr 1990 zu reduzieren (Europäische Kommission, 2010a). Im Transportsektor entsteht ein Großteil der CO_2-Emissionen und allein der PKW-Verkehr macht in der Europäischen Union ca. 12% der Gesamtemissionen aus (Europäische Kommission 2010b). Aus diesem Grunde wird immer wieder nach alternativen Antrieben und Treibstoffen gesucht, um den privaten Personenverkehr nachhaltiger zu gestalten. Seit einigen Jahren ist dabei die Elektromobilität erneut in den Fokus von Wirtschaft und Politik gerückt. Durch Fortschritte in der Batterietechnologie ist es möglich geworden, emissionsfreie Elektrofahrzeuge zu konstruieren, die Reichweiten von mehreren hundert Kilometern und ein akzeptables Leistungsverhalten aufweisen. Viele Länder haben daher beschlossen, die breite Markteinführung von Elektroautos voranzutreiben. Die Bundesregierung hat sich im „Nationalen Entwicklungsplan Elektromobilität" das Ziel gesetzt, in Deutschland bis zum Jahr 2020 eine registrierte Anzahl von einer Million elektrischer Fahrzeuge zu erreichen (Bundesregierung, 2008, S.15). Bisher bieten nur kleine Unternehmen und einige große Automobilhersteller solche Fahrzeuge in Kleinserie an. F

Für die nächsten Jahre sind eine Vielzahl neuer Elektroautomodelle angekündigt (Wirtschaftsministerium Baden Württemberg [WM-BW] et al., 2010, S.8). Einer breiten Kundenakzeptanz stehen derzeit aber noch folgende Probleme entgegen:

- ➢ Hohe Anschaffungskosten aufgrund teurer Batterien
- ➢ Unsicherheit über Haltbarkeit und Restwert der Batterien

> Batterielebensdauern sind kürzer als die Haltbarkeit des Fahrzeuges

Aus diesem Grund bietet es sich an, in Zukunft Fahrzeug und Batterie wirtschaftlich zu trennen und zu vermarkten. Um dabei die genannten Nachteile und damit verbundenen Kaufhemmnisse für den Kunden möglichst gering zu halten oder gar ganz zu eliminieren, sind statt des einfachen Kaufs neue Geschäftsmodelle nötig. Ziel dieser Studie ist verschiedene Eigentums- und Vermarktungsmodelle für die Traktionsbatterie vorzustellen und zu bewerten. Der Kunde kauft weiterhin das Fahrzeug aber least, mietet oder kauft und versichert die Batterie. Im Mittelpunkt der Analyse stehen dabei die Wirtschaftlichkeit der einzelnen Konzepte sowie die Konsequenzen für potenzielle Kunden.

Diese Arbeit richtet sich in erster Linie an interessierte Unternehmen, welche die Elektromobilität nutzen wollen, um neue Märkte zu erschließen oder ihre Marktpositionen zu behaupten. Die Ergebnisse sollen die Möglichkeit geben, sich strategisch mit neuen Dienstleistungen aufstellen und potenzielle Zielgruppen identifizieren zu können. Aber auch Elektrofahrzeugkäufern kann der strukturelle und finanzielle Vergleich Aufschlüsse darüber geben, welches Modell ihnen am geeignetsten erscheint. Die folgenden fünf verschiedene Eigentumsmodelle für Traktionsbatterien werden vorgestellt und untersucht:

> Batteriekauf

> Batterieleasing

> Batterieversicherung

> Batterievermietung

> Batterievermietung mit Wechselstationen

Kapitel 2 – Methodische Vorgehensweise

Für die Untersuchung der Batterie-Eigentumsmodelle wird ein möglichst ganzheitlicher Ansatz gewählt. Auf Basis einer Lithium-Ionen Batterie wird ein komplettes Kostenmodell für ein ausgewähltes Referenzfahrzeug mit elektrischem und verbrennungsmotorischem Antriebsstrang erarbeitet. Als Referenzfahrzeug wird ein repräsentativer Kleinwagen, der VW Polo V, ausgewählt und die technischen Daten an den elektrischen Antriebsstrang angepasst.

Das ökonomische Modell bildet die Grundlage für die Bewertung der einzelnen Eigentumskonzepte und wird detailliert entwickelt (siehe Anhang A). Fehlende bzw. nicht aktuelle Kostendaten werden dabei durch Interviews mit Zell- und Batteriesystemherstellern, Fahrzeugversicherern und Elektrofahrzeughändlern ergänzt oder ersetzt. Im Rahmen einer Batterieumfrage wurden 19 der größten Batteriehersteller weltweit angeschrieben und anhand der Ergebnisse ein Zellpreis für die Referenzbatterie ermittelt. Da die Herstellerumfrage bereits 2010 durchgeführt wurde, basieren alle Kosten auf diesem Referenzjahr, um eine einheitliche Kostenstruktur zu gewährleisten. Es kann aber davon ausgegangen werden, dass sich die Kostenpositionen bisher nur minimal verändert haben.

Neben der rein wirtschaftlichen Analyse wird ein Verfahren entwickelt, welches einen Vergleich der Modelle hinsichtlich ausgewählter Eigenschaften ermöglicht, die Einfluss auf die Kundenakzeptanz haben. Die Entwicklung und Berechnung der Eigentumsmodelle orientiert sich an der klassischen Automobilwirtschaft. Konzepte, die Auswirkungen auf die Besitzverhältnisse des gesamten Fahrzeuges haben, wie zum Beispiel das Car Sharing, werden nicht betrachtet.

Weil viele Annahmen und Daten des Einsatzes von Lithium-Ionen Batterien in Elektrofahrzeugen aufgrund mangelnder Praxiserfahrung derzeit noch auf theoretischen Überlegungen beruhen, werden alle Berechnungen und Schätzungen sehr konservativ durchgeführt und wenn möglich, empirisch überprüft. Um eine möglichst breite Validität der Ergebnisse zu gewährleisten, werden für die Wirtschaftlichkeitsberechnungen drei verschiedene Fahrprofile verwendet.

Abschließend sei noch darauf hingewiesen, dass auf die Grundlagen der Batterietechnik nicht weiter eingegangen und diese als bekannt vorausgesetzt werden. Der interessierte Leser findet ausführliche Beschreibungen in Trueb und Rüetschi (1997).

Kapitel 3 – Wirtschaftliche und technische Grundlagen

In diesem Kapitel werden die wirtschaftlichen und technischen Grundlagen erarbeitet, die für einen umfassenden Vergleich der verschiedenen Eigentumsmodelle nötig sind. Zu Beginn werden die technischen Besonderheiten von Lithium-Ionen Batterien aufgezeigt. In einem zweiten Schritt werden die Wertschöpfungsketten der klassischen Automobilwirtschaft und der Elektromobilität analysiert, gegenübergestellt und mögliche Strategien potenzieller Marktakteure diskutiert. Weiterhin wird anhand eines Referenzfahrzeuges mit elektrischem und mit konventionellem Antriebsstrang ein umfangreiches Kostenmodell erarbeitet, welches die spätere Datengrundlage für die Berechnung der Eigentumsmodelle und den Wirtschaftlichkeitsvergleich der Antriebsarten bildet. Im Anschluss daran folgt eine kurze Definition dreier Benutzergruppen, deren jährliche Fahrleistungen im weiteren Verlauf der Arbeit verwendet werden, um den Einfluss verschiedener Fahrprofile auf die Wirtschaftlichkeit von Elektrofahrzeugen und den Eigentumsmodellen zu untersuchen. Das Kapitel schließt mit einer Übersicht der wichtigsten Ergebnisse. Falls nicht anderes erwähnt, beziehen sich alle folgenden Ausführungen auf vollelektrische Stadtfahrzeuge mit Lithium-Ionen Batterien.

Kapitel 3.1 – Beschreibung der Lithium-Ionen Technologie

Kapitel 3.1.1 – Klassifizierung von Lithium-Batterien

Seit Anfang der 90er Jahre werden Lithium-Ionen Batterien vor allem im portablen Gerätebereich wie Laptops, Handys und

Digitalkameras eingesetzt und für diesen Markt bereits in großen Stückzahlen produziert. In den letzten Jahren sind auf Basis der positiven Eigenschaften dieser Technologie dann vermehrt Bestrebungen entstanden, Lithium-Ionen Batterien auch für den mobilen Einsatz in Elektrofahrzeugen zu verwenden. Allen voran ist hier die Firma Tesla Motors aus den USA zu nennen, die bereits seit einigen Jahren ihren vollelektrischen Sportwagen ausgerüstet mit herkömmlichen Laptop-Akkus anbietet. Jedoch sind die Anforderungen an Fahrzeugbatterien sehr viel höher als im Gerätebereich, weshalb eine Konstruktion der Zellen speziell für Elektrofahrzeuge unerlässlich ist.

Bevor weiter auf die Lithium-Technologie eingegangen wird, ist es jedoch notwendig kurz auf die generellen Unterschiede und Begrifflichkeiten von Batterien einzugehen. Als Batterie wird in der Technik ein elektrochemischer Speicher bezeichnet. Batterien werden grundsätzlich zwischen zwei verschiedenen Typen unterschieden. Sogenannte „Primärbatterien" sind nur einmal verwendbar, die Entladung ist der primäre und einzige Schritt bei der Verwendung der Batterie. „Sekundärbatterien" hingegen können wieder aufgeladen werden, bei ihnen folgt die nutzbringende Entladung als zweiter, sekundärer, Schritt vor der Auflading (Sternad et al., 2009, S.186f.; Trueb und Rüetschi, 1997, S.28). Sekundärbatterien werden auch als Akkumulatoren, kurz Akkus, bezeichnet. Wenn im Folgenden der Begriff Batterie verwendet wird, so sind immer Sekundärbatterien gemeint, da nur diese einen sinnvollen Einsatz in Elektrofahrzeugen erlauben.

Die kleinste Einheit einer Batterie ist die Zelle. Da für viele portable Geräte aber schon einzelne Zellen ausreichen, um diese zu versorgen und im Einzelhandel hauptsächlich diese separat verkauft werden, hat sich die Bezeichnung Batterie im allgemeinen Sprachgebrauch auch für Batteriezellen durchgesetzt. Für Traktionsbatterien, die über einen großen

Energieinhalt verfügen müssen, reichen einzelne Zellen nicht aus. Hier werden mehrere Zellen zuerst zu Modulen verschaltet, die Module dann zu Strängen (englisch: „stacks") zusammengefasst und mehrere Stränge bis zum Erreichen der gewünschten Kapazität in einem Gehäuse fest installiert, welches dann die eigentliche Batterie darstellt (siehe Abbildung 3) (Wallentowitz et al., 2010, S.84). Da jedoch für Traktionsbatterien besondere Sicherheitsstandards eingehalten werden müssen und bei der Be- und Entladung bestimmte Regeln zu beachten sind, werden mit solch einer Batterie auch immer ein Batteriemanagementsystem (BMS) inkl. Sicherheitssysteme installiert. Diese bilden zusammen mit der Batterie das sogenannte Batteriesystem.

Der Begriff Lithium Sekundärbatterie bezeichnet ursprünglich eine ganze Gruppe verschiedener Technologien von denen Akkumulatoren auf Lithium-Ionen Basis nur eine Teilmenge sind. In Abbildung 1 ist die Klassifizierung der Lithium Batterien und deren Funktionsweise grafisch dargestellt. So wird grundsätzlich zwischen den Lithium-Ionen und den Lithium-Metall Akkumulatoren unterschieden. Die Lithium-Ionen Technologie kann dabei als Weiterentwicklung der Lithium-Metall Batterien angesehen werden. Zuerst wurden Batterien mit Anoden aus metallischem Lithium eingesetzt, wodurch eine sehr hohe Energiedichte erreicht werden konnte. Die Anode löst sich während des Entladevorgangs auf indem sie Lithium-Ionen (Li+) abgibt, die sich an der Kathode in ein Metalloxid (MO_x) einlagern. Doch der große Nachteil ist, dass bei der Umkehrreaktion das Lithium nicht wieder seine ursprüngliche Form an der Anode einnimmt, sondern dazu neigt ungeordnete Kristallstrukturen, die sogenannten Dendriten, zu bilden (Neupert et al.,2009, S.45). Lithium-Metall Batterien haben daher sehr kurze Lebensdauern von nur rund hundert Zyklen. Sie werden hauptsächlich als Primärzellen in kleinen Geräten mit hohem Energiebedarf, z.B. Hörgeräten eingesetzt.

Das Problem der Dendritenbildung wurde schließlich dadurch gelöst, dass das Lithium wie bei der Kathode auch an der Anode in Ionenform in ein Gitter eingelagert wird. Daher die Bezeichnung Lithium-Ionen. Beide Technologien werden zusätzlich nach der Art ihrer Elektrolyten unterschieden. Es gibt Batterien mit flüssigen Elektrolyten und Batterien mit festen Polymerelektrolyten. Elektrolyten auf Polymerbasis erlauben eine sehr dünne und sicherere Konstruktion der Zellen (Hannig et al., 2009, S.19). Lithium-Ionen-Polymer Batterien werden im Allgemeinen oft auch abgekürzt Lithium-Polymer Batterien genannt. Daher ist im Zweifelsfall zu klären, welche der beiden Technologien gemeint ist.

Abbildung 1: Klassifizierung von Lithium Sekundärbatterien

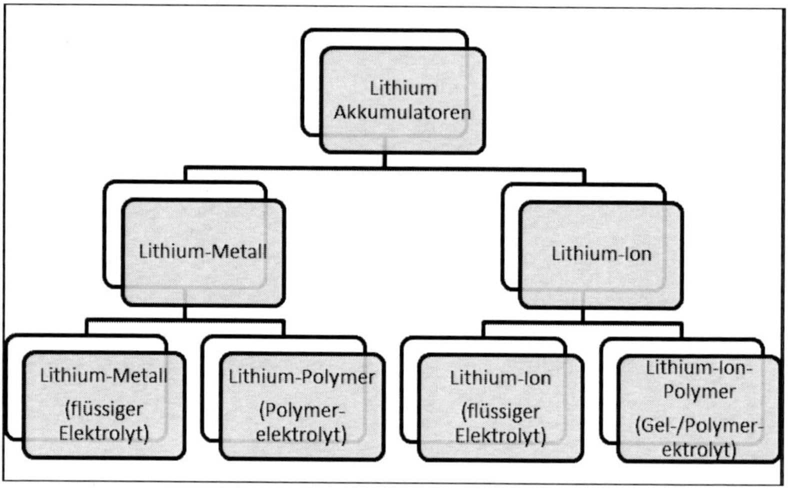

```
                    Lithium
                 Akkumulatoren
                 /            \
          Lithium-Metall      Lithium-Ion
           /        \          /        \
    Lithium-Metall  Lithium-Polymer  Lithium-Ion  Lithium-Ion-
    (flüssiger     (Polymer-        (flüssiger    Polymer
    Elektrolyt)    elektrolyt)      Elektrolyt)   (Gel-/Polymer-
                                                  ektrolyt)
```

(Quelle: basierend auf Tübke, 2010)

Wie bereits erwähnt, haben Lithium-Metall Batterien nur sehr kurze Lebensdauern. Dennoch gibt es derzeit ein Unternehmen, welches Lithium-Metall-Polymer Batterien für die Industrie anbietet: das französische Unternehmen Batscap. Angaben über die

Lebensdauer der Batterien werden aber nicht gemacht (Batscap, 2010). Lithium-Metall Batterien mit flüssigem Elektrolyten haben keine wirtschaftliche Relevanz. Bei den Lithium-Ionen Batterien liegt der Schwerpunkt der Produktion deutlich bei den Zellen mit flüssigem Elektrolyten. Vier Hersteller bieten zurzeit auch Lithium-Ionen Polymerbatterien an, diese Technologie steht aber noch sehr am Anfang der Entwicklung (Roland Berger, 2008, S.9). Im weiteren Verlauf der Arbeit soll daher die Lithium-Ionen Technologie mit flüssigem Elektrolyten genauer untersucht werden. Wenn im Folgenden der Begriff „Lithium-Ionen" verwendet wird, so ist damit die Batterie mit Flüssigelektrolyten gemeint.

Kapitel 3.1.2 – Zellmaterialien

Bei der Konstruktion von Lithium-Ionen Batterien gibt es eine Vielzahl von möglichen Varianten. In den letzten Jahren wurden eine Reihe verschiedener Kathoden-, Anoden- und Elektrolytmaterialien entwickelt. Auf alle genauer einzugehen, würde jedoch den Rahmen dieser Arbeit sprengen und wäre Stoff für ein eigenständiges Buch. Der interessierte Leser sei hier auf Yoshio et al. (2009) verwiesen, die eine sehr aktuelle Übersicht des Entwicklungsstandes von Lithium-Ionen Batterien geben. An dieser Stelle soll nur auf die zurzeit wichtigsten Materialien eingegangen werden. Wie bereits erwähnt, bestehen Elektroden aus Verbindungen, die in der Lage sind, Lithium in ihren Strukturen einzulagern. Die zugrunde liegende Zellreaktion lautet (Köhler, 2006, S.46):

Formel 1: Reaktionsgleichung der Lithium-Ionen Batterie

$$LiMO_2 + C_6 \Leftrightarrow MO_2 + LiC_6$$

In Formel 1 ist als Anodenmaterial Graphit (C_6) angegeben, in welches während des Aufladevorgangs Lithium eingelagert wird (LiC_6). Statt des Graphits wird auch noch amorpher Kohlenstoff (C_6) oder Titanat (Ti_5O_{12}) verwendet. Weil sie eine sehr hohe Stabilität, auch bei Tiefentladungen, aufweist, ist die Anode aus Graphit der Standard (Tübke, 2010). Zur Spezifikation von Lithium Batterien wird oft das eingesetzte Kathodenmaterial in der Batteriebezeichnung mit angegeben. Für die positive Elektrode existieren derzeit deutlich mehr Verbindungen die zur Auswahl stehen und es ist nicht ausgeschlossen, dass in Zukunft weitere Varianten mit noch besseren Eigenschaften entwickelt werden. Das liegt vor allem daran, dass derzeit noch kein Material zur Verfügung steht, welches alle Anforderungen an Sicherheit, Lebensdauer, Kosten, etc. optimal erfüllt. Deutlich wird dies, wenn man die Eigenschaften der momentan wichtigsten Kathodenverbindungen in Tabelle 1 betrachtet.

Tabelle 1: Übersicht der Eigenschaften von Kathodenmaterialien für Lithium-Ionen Batterien

Formelzeichen	Spezifische Kapazität [mAh/g]	Nominelle Zellspannung [V]	Stabilität bei hohen Temperaturen und Tiefentladung	Resistenz gegen Auflösung	Kosten [$/kWh]
$LiCoO_2$	145	3,6	durchschnittlich	sehr gut	57-75
$Li(Ni_{0,85}Co_{0,1}Al_{0,05})O_2$	160	3,6	durchschnittlich	sehr gut	~50
$Li(Ni_{0,33}Mn_{0,33}Co_{0,33})O_2$	120/200	3,6/3,9	gut	gut[1]	~55/~30
$LiMnO_2$	100	3,9	sehr gut	schlecht	~25
$LiFePO_4$	150	3,3	sehr gut	sehr gut[1]	~35

[1] im Falle chemischer Stabilisierung

(Quelle: basierend auf Kalhammer et al., 2007, S.26)

Lithium-Kobaltoxid ($LiCoO_2$) wird aufgrund seiner hohen Speicherkapazität bei sehr guter Langzeitstabilität bereits in großem Maßstab für Batterien in der Unterhaltungselektronik verwendet. Für Anwendungen mit größeren Speicherkapazitäten ist Kobaltoxid aber deutlich zu teuer. Ein Ersatz mit annähernd gleichen Eigenschaften aber deutlich geringeren Kosten ist das Lithium Nickelkobaltaluminiumdioxid ($Li(Ni_{0,85}Co_{0,1}Al_{0,05})O_2$). Jedoch ist es im Verhältnis zu anderen Alternativen auch noch relativ teuer und wird daher hauptsächlich für Hybridanwendungen mit kleinen Batterien fokussiert (Kalhammer et al., 2007, S.26). $Li(Ni_{0,33}Mn_{0,33}Co_{0,33})O_2$ kann mit zwei unterschiedlichen Spannungen betrieben werden und erreicht bei Spannungen um 3,9 Volt sehr hohe Kapazitäten und somit auch recht niedrige spezifische Kosten. Der Nachteil dieser Verbindung ist die geringere chemische Stabilität und die daraus resultierende kurze kalendarische Lebensdauer. Lithium Mangandioxid ($LiMnO_2$) ist aufgrund seiner Struktur stabiler als die vorher erwähnten Materialien und das billigste aller Varianten mit Kosten von ca. 25 Dollar pro Kilowattstunde. Der große Nachteil ist hingegen die geringe Langzeitstabilität, da das Mangan dazu neigt, in Lösung zu gehen. Eine weitere sehr kostengünstige Alternative stellt die Kathode aus Lithium-Eisenphosphat ($LiFePO_4$) dar. Es vereint hohe elektrochemische Stabilität und sehr gute Zyklisierbarkeit bei geringen Kosten (Kalhammer et al., 2007, S.26f.; Tübke, 2010). Nachteilig ist die geringe Energiedichte. Lithium-Eisenphosphat wird bereits in einer Reihe von Batterien für Elektrofahrzeuge eingesetzt.

Neben den Elektroden gibt es auch für den Elektrolyten mehrere Ansätze. Grundsätzlich besteht der Flüssigelektrolyt einer Lithium Batterie aus einem Salz, einem Lösungsmittel und bestimmten Zusätzen (Balducci, 2010). Wie schon bei den Kathodenmaterialien gibt es kein verfügbares Salz oder Lösungsmittel, welches alle Anforderungen sehr zufriedenstellend erfüllt, weshalb weiterhin hoher Forschungsbedarf besteht. In den letzten Jahren sind eine Vielzahl von Varianten getestet worden und derzeitiger Stand der Technik sind Elektrolyten mit Lithiumhexafluorophosphat (LiPF$_6$) als Salz und einem Gemisch aus organischen Lösungsmitteln (Balducci, 2010). Für den Separator werden derzeit zwei Ansätze verfolgt. Standardmäßig wird eine Trennfolie aus Polyethylen oder Polypropylen verwendet. Dieses Material hat jedoch den Nachteil, dass der Separator bei Temperaturen um 140°C anfängt zu schmelzen und es so zu einem Kurzschluss und dem Zerstören der Zelle kommen würde. Deutlich höhere Temperaturen bis zu 500°C halten Separatoren aus, die aus einem Vlies versetzt mit Keramikpartikeln bestehen und bereits erfolgreich in Zellen eingesetzt wurden (Hannig et al., 2009, S.18; Tübke, 2010).

Kapitel 3.1.3 – Rohstoffverfügbarkeit

Die zukünftige Ressourcenverfügbarkeit wird sehr kontrovers diskutiert und wird von manchen Experten als der große Engpass bei der großflächigen Einführung von Lithium-Ionen Batterien gesehen. Eine sehr aktuelle Einschätzung über die Verfügbarkeit von Lithium vor dem Hintergrund eines stark wachsenden Anteils von Elektrofahrzeugen hat das Fraunhofer Institut für System- und Innovationsforschung (Angerer et al., 2009) in einer Ende 2009 veröffentlichten Studie gegeben. Darin kommen die Wissenschaftler zu dem Schluss, dass es bei einer sehr hohen Marktdurchdringung von Elektrofahrzeugen und sehr konservativ geschätzten Reserven trotz Recyclings bereits im Jahr 2045 zu einem vollständigen Verbrauch der weltweiten Lithiumvorkommen kommt. Dieses Szenario wird zwar als sehr unwahrscheinlich eingestuft, zeigt aber auf, dass in Zukunft mit Preissteigerungen für das Metall zu rechnen ist und weiterer Forschungsbedarf für Alternativtechnologien besteht.

Problematisch ist zusätzlich, dass ein großer Teil der Reserven in politisch instabilen Regionen liegt, sich nur auf einige wenige

Länder konzentriert und die Abbaugebiete in sensiblen Naturgebieten liegen (Angerer et al., 2009, S.1f.). Meist unterschätzt wird aber auch der Einfluss von anderen Metallen. So haben Nickel und Kobalt, die ebenso für die Konstruktion der Zelle benötigt werden, einen nicht unerheblichen Einfluss auf den Gesamtpreis (Sternad et al., 2009, S.189). Die Wiederverwertung von Lithium-Ionen Batterien ist noch stark in der Entwicklungsphase. Eine großflächige, intakte Rücknahmeinfrastruktur, wie sie bereits für Blei-Batterien aufgebaut wurde, ist zukünftig für Traktionsbatterien auf Lithium-Basis zu entwickeln. Lithium Batterien bestehen aus einer großen Anzahl an Metallen und anderen Verbindungen. Das gesamte Verfahren ist recht aufwendig, kann aber trotzdem wirtschaftlich durchgeführt werden, da wiedergewonnenes Kobalt erlösbringend verkauft wird (Gaines und Cuenca, 2000, S 45f.). Lithium kann derzeit kommerziell zu 80% aus alten Batterien rückgewonnen werden, bisher liegt der Fokus von Reyclingunternehmen aber auf dem Kobalt. Sollte der Preis für Lithium weiter steigen, wird auch die Wiederverwertung von Lithium ökonomisch attraktiver (Angerer et al., 2009, S.21f.).

Kapitel 3.2 – Wertschöpfungsketten und Akteure in der Elektromobilität

Die Besonderheit der Elektromobilität liegt darin, dass sich der Fahrzeugmarkt für neue Akteure öffnet bzw. neue Märkte entstehen. Durch die veränderten Marktstrukturen und neuen technologischen Gegebenheiten ist eine Vielzahl neuer Geschäftsmodelle möglich. Aufgrund der hohen Produktionskosten der Traktionsbatterien und der im Vergleich zum Fahrzeug noch geringen Lebensdauer bietet es sich an, die Batterie als separate Einheit zu betrachten. Dies ist auch die Basis für die in dieser Arbeit vorgestellten Eigentumsmodelle. In Abbildung 2 sind die Wertschöpfungsketten der Batterienutzung und der Fahrzeugnutzung sowie die relevanten Marktakteure der jeweiligen Wertschöpfungsstufe dargestellt. Die grauen Pfeile geben an, in welchen Bereichen es wahrscheinlich (gestrichelter Rahmen) bis sehr wahrscheinlich (durchgezogener Rahmen) ist, dass Unternehmen aus der klassischen Automobilwirtschaft in den Batteriemarkt drängen.

Abbildung 2: Wertschöpfungsketten und Marktakteure

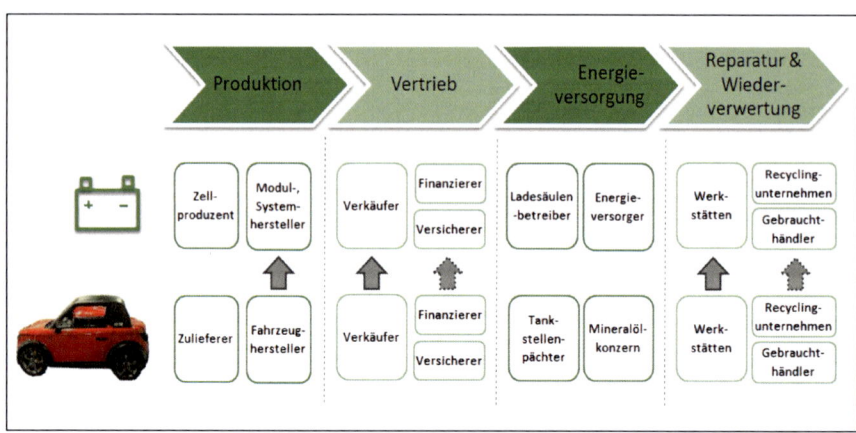

(Quelle: eigene Darstellung)

Die verschiedenen Bereiche der Wertschöpfungskette werden für den Traktionsbatteriemarkt anhand der Abbildung im Folgenden ausführlich diskutiert.

Kapitel 3.2.1 – Produktion

Auf Produktionsebene gliedert sich die Batterieherstellung derzeit in zwei Schritte auf. Da die Gesamtkapazität der Batterien sowie deren Größe noch nicht standardisiert sind und jeder Fahrzeughersteller seine eigenen Strategien verfolgt, liefern viele Firmen lediglich die Zellen. Die Fahrzeughersteller selber oder auf Batteriemanagementsysteme spezialisierte Unternehmen stellen dann das Batteriesystem in der gewünschten Größe zusammen. So können sich die Fahrzeughersteller an der Wertschöpfung der Batterie beteiligen und nötiges Fachwissen in diesen Bereichen aufbauen. Es ist aber auch denkbar, dass Zellproduzenten beginnen Fahrzeuge zu produzieren, da die Qualität, die Leistungsfähigkeit und der Preis der Batterie das zukünftige Differenzierungsmerkmal von Elektroautos sein wird. So hat der chinesische Batteriehersteller Build Your Dreams bereits mit dem Verkauf eigener vollelektrischer PKW begonnen (Build Your Dreams [BYD], 2010).

Kapitel 3.2.2 - Vertrieb

Für den Vertrieb sind die gleichen Dienstleistungen wie auf dem klassischen Automobilmarkt denkbar. Jedoch wird sich erst noch zeigen, ob es auch die gleichen Akteure sein werden, oder ob sich Firmen direkt auf den Batterievertrieb spezialisieren, da ein sehr hohes Fachwissen nötig ist. So ist denkbar, dass bestimmte Unternehmen ein Know-How in der Versicherung von Batteriesystemen aufbauen oder die klassischen Kfz-Versicherer in diesen Markt drängen. Der Verkauf der Batterien findet derzeit fast ausschließlich zusammen mit dem Fahrzeug statt. Einen vom Fahrzeug losgelösten Verkauf von Batterien könnten in Zukunft aber die Stromanbieter oder gar die Zellhersteller vor allem im Ersatzbatteriegeschäft verfolgen, da sich auf diesem Wege neue Märkte erschließen lassen. Die Stromanbieter hätten darüber hinaus die Möglichkeit sich durch Finanzierungs- oder Mietmodelle Zugriffsrechte auf die Batterie zu sichern, um sie in innovative Energiedienstleistungen wie z.B. Smart Grids, einbinden oder nach Ende der Lebensdauer im Fahrzeug weiter nutzen zu können. Auch sind die großen Energieversorger in Deutschland sehr finanzstark und hätten damit die Potenziale in großem Maße in die sehr teuren Batterien zu investieren. Bereits jetzt engagiert sich so z.B. RWE sogar im Vertrieb von Elektrofahrzeugen um auf diese Weise durch Komplettpakete inklusive Energieversorgungsvertrag neue Kunden und Absatzmärkte zu gewinnen (RWE AG).

Kapitel 3.2.3 - Energieversorgung

Für die Energieversorgung brauchen batteriebetriebene Elektrofahrzeuge lediglich Strom. Die Kompetenzen dieser Energielieferung liegen bei den Energieversorgern und nicht mehr bei den Mineralölkonzernen. Der Markt wird durch dezentral verteilte Ladestationen geprägt sein, die von spezialisierten Unternehmen oder direkt von den Stromanbietern betrieben werden. Wie bereits erwähnt, könnten Stromanbieter die Energielieferung auch nutzen um ihr Geschäft auszuweiten, zum Beispiel durch das Anbieten von Komplettpaketen mit Fahrzeug und Heimladestation. Da die Stromlieferung für Mineralölkonzerne keinen Profit bietet, ist zu erwarten, dass sich diese, wenn überhaupt, erst spät durch Ladeinfrastrukturbereitstellung am Markt beteiligen.

Kapitel 3.2.4 - Reparatur und Wiederverwertung

Für den Bereich der Reparatur und Wiederverwertung der Batterien sind Werkstätten, Gebrauchthändler und Recyclingunternehmen denkbar. Hier besteht entweder die Möglichkeit, dass Unternehmen sich auf diese Batteriedienstleistungen spezialisieren oder Firmen aus der Kfz-Branche diese Aufgaben mit übernehmen. Weil ein Austausch der Zellen technisch nicht sehr aufwändig ist, ist letzteres für Reparaturarbeiten zu erwarten. Ebenso fallen bei Elektrofahrzeugen für die Werkstätten Arbeiten an Motoren und Abgasanlagen weg, was durch Batteriereparaturen und -wechsel eventuell ausgeglichen werden kann und lediglich eine Verlagerung des Geschäfts bedeuten würde. Für den Handel mit gebrauchten Batterien könnten sich neue Dienstleister am Markt positionieren, die diese für Energiedienstleistungen nach einem Einsatz im Fahrzeug verwenden. Im Recyclinggeschäft ist es wahrscheinlich, dass die Stiftung Gemeinsames Rücknahmesystem Batterien (GRS), welches in Deutschland für die Umsetzung der Sammlungs- und Verwertungspflicht der Batteriehersteller verantwortlich ist, sich um alte Fahrzeugbatterien kümmert (Gemeinsames Rücknahmesystem Batterien [GRS], 2010).

Abschließend ist zu sagen, dass die Elektromobilität für viele Unternehmen die Chance bietet, neue Absatzmärkte zu erschließen. Auch sind neue, vorher undenkbare Kooperationen möglich und bereits in der Entstehung. So arbeiten in Deutschland Energieversorger mit Fahrzeugherstellern zusammen an Flottenversuchen. Welche Akteure sich letztlich dauerhaft im Bereich der Elektromobilität engagieren, ist derzeit noch nicht absehbar und hängt sehr davon ab, wie sich der Markt für Elektrofahrzeuge entwickelt.

Kapitel 3.3 - Kosten eines Elektroautos

Eine wichtige Grundlage für die Bewertung von Fahrzeugkonzepten aber auch von Geschäftsmodellen rund um Mobilitätsdienstleistungen ist eine detaillierte Kostenbetrachtung. Bei neuen Antriebsarten ist ein Kostenvergleich mit dem Verbrennungsmotor essentiell für die Abschätzung zukünftiger Kundenakzeptanz. Bestandteil dieses Kapitels soll es daher sein, ein ganzheitliches Kostenmodell auf Basis eines Referenzfahrzeuges aufzubauen, welches als Grundlage für die Berechnung der Preise und Kosten der verschiedenen Eigentumskonzepte dient. Das Kapitel beginnt mit einer Erklärung des verwendeten Ansatzes zur Kostenermittlung der Fahrzeugnutzung. In einem zweiten Schritt werden die technischen Konfigurationen eines Referenzfahrzeuges entwickelt, welches die Grundlage für alle weiteren Kostenanalysen bilden soll. Weil der Preis der Batterie eine zentrale Bedeutung für die Wirtschaftlichkeit der verschiedenen Geschäftsmodelle hat, werden die aktuellen und zukünftigen Batteriekosten ausführlich in einem eigenständigen Unterkapitel diskutiert. Alle weiteren Anschaffungs- und Nutzungskosten werden im darauf folgenden Unterkapitel aufgelistet. Die detaillierte Aufstellung und Herleitung aller Kenn- und Kostendaten des Referenzfahrzeuges sowie der zugrundeliegenden Annahmen findet sich im Anhang A. Weil die Herstellerumfrage zur Ermittlung des Zellpreises bereits 2010 durchgeführt wurde, basieren alle Kosten auf diesem Referenzjahr, um eine einheitliche Kostenstruktur zu gewährleisten. Es kann davon ausgegangen werden, dass sich die Kostenpositionen bisher nur minimal verändert haben. Das Kapitel schließt mit einer Beschreibung der bei den Wirtschaftlichkeitsberechnungen berücksichtigten Risiken und den verwendeten Wahrscheinlichkeiten. Wenn nicht anders erwähnt, beziehen sich alle Ausführungen und Kosten, welche die Batterien betreffen, auf die Lithium-Ionen Technologie.

Kapitel 3.3.1 - Total-Cost-of-Ownership Ansatz

Über die Wirtschaftlichkeit zweier Antriebsarten entscheiden nicht nur die Anschaffungskosten des jeweiligen Fahrzeuges. Einen nicht unerheblichen Anteil tragen die Kosten bei, die zum Betrieb des Fahrzeuges nötig sind, die „Folgekosten des Automobilkaufs" (Diez, 2009, S.212). Daher wird in dieser Arbeit der Ansatz der „Total Cost of Ownership" gewählt, der alle anfallenden Kosten der Nutzung über den gesamten Lebenszyklus des Fahrzeuges einbezieht (Diez, 2009, S.212). In Abbildung 3 sind die einzelnen Positionen der „Cost of Ownership" dargestellt.

Abbildung 3: Total Cost of Ownership Modell eines PKW

(Quelle: eigene Darstellung nach Vincentric, 2010)

Die Höhe des Wertverlustes hängt dabei direkt von den Kosten für das Fahrzeug, den Antriebsstrang und der Batterie ab. Da die Batterie das zentrale Element für die in dieser Arbeit behandelten Eigentumsmodelle ist, werden Fahrzeug- und Batteriekosten in zwei getrennten Unterkapiteln behandelt. Der Wertverlust des Fahrzeuges ist in diesen Untersuchungen immer identisch mit den Anschaffungskosten, da die komplette Nutzungsdauer betrachtet wird. Neben dem Wertverlust entstehen dem Fahrzeughalter vor allem Kosten für den Treibstoff, die Versicherung sowie Wartung und Instandhaltung. Darüber hinaus fallen bei einer Finanzierung des Fahrzeuges Zinsen an und auch Opportunitätskosten sollten berücksichtigt werden. Opportunitätskosten sind die Höhe der Zinsen, die der Fahrzeughalter hätte erhalten können, wenn er das für die Fahrzeugnutzung investierte Geld stattdessen auf einer Bank anlegen würde. In Anhang A werden die einzelnen Kostenpositionen bezogen auf das gewählte Referenzfahrzeug für einen elektrischen und einen verbrennungsmotorischen Antrieb unter Angabe der gewählten Annahmen quantifiziert. Die zugrunde liegenden Annahmen sind wichtig, da die Höhe der einzelnen Kosten von einer Vielzahl von Faktoren abhängt, wie zum Beispiel dem aktuellen Finanzierungszinssatz oder der Lebensdauer der Batterien. Eine Übersicht aller ermittelten Werte ist in Kapitel 3.3.4 dargestellt.

Darüber hinaus gibt es Kosten bzw. Unsicherheiten und Risiken, die im Rahmen dieser Arbeit nicht quantifiziert werden können oder nur auf groben Schätzungen beruhen. So muss z.B. der Eigentümer der Batterie einen gewissen Risikoaufschlag einplanen für den Fall, dass diese vor der kalkulierten Kilometerleistung ausgewechselt werden muss. Diese zusätzlichen Faktoren müssen beachtet werden und sind Gegenstand des Kapitels 3.3.5.

Kapitel 3.3.2 - Vorstellung des Referenzfahrzeuges

Da die Kosten für Beschaffung und Nutzung eines Fahrzeuges in großem Maße vom jeweiligen Typ abhängen, soll zur Gewährleistung der notwendigen Transparenz und Vergleichbarkeit der einzelnen Berechnungen in diesem Unterkapitel ein Referenzfahrzeug definiert werden. Aufgrund der verhältnismäßig geringen Reichweite kommen Elektrofahrzeuge derzeit vorrangig in urbanen Gebieten zum Einsatz. Deshalb wird ein Fahrzeug aus dem Kleinwagensegment ausgewählt. Als Referenzmodell dient hier der VW Polo, der bisher meistverkaufte Kleinwagen (Mobile.de, 2010). Das aktuellste Modell ist der VW Polo V aus dem Jahre 2009.

Vorstellung der Fahrzeugkonfiguration

Die folgenden technischen Daten sind bezogen auf die 60 PS/44 kW Ottomotor-Variante mit 5-Gang Schaltgetriebe des Basismodells Trendline. Für die Konfiguration des elektrischen Fahrzeuges wird angenommen, dass Karosserie und nicht ersetzbare Komponenten im Fahrzeug verbleiben.

In Tabelle 2 sind alle relevanten technischen Daten für ein konventionelles Benzinfahrzeug und ein typisches batterieelektrisches Fahrzeug dargestellt.

Tabelle 2: Kenndaten des Referenzfahrzeuges

Kenndaten	Konventioneller Antrieb	batterie-elektrischer Antrieb
Nennleistung Motor	44 kW	30 kW
Motortyp	3-Zylinder Ottomotor	Asynchronmotor
Hubraum	1198 cm^3	-
Energieverbrauch ab Speicher	6,9 l/100km (62 kWh/100km[1])	11,60 kWh/100km
Energieverbrauch ab Steckdose	-	19,40 kWh/100km
Fahrzeug-leergewicht	1067 kg	1143 kg
Zugelassenes Gesamtgewicht	1550 kg	1550 kg
Fahrzeuglebensdauer	12 Jahre	12 Jahre

[1] bei einer Energiedichte von 9 kWh/l (Wallentowitz et al., 2010, S.87)

(Quelle: VW, 2010; Wallentowitz et al., 2010, S.114; Citysax Mobility GmbH, 2010; DAT- Report, 2010, S.32)

Der Motor des Elektrofahrzeuges wird deutlich kleiner mit nur 30kW dimensioniert, da Elektromotoren kurzzeitig in Überlast betrieben werden können, um zum Beispiel hohe Beschleunigungen zu erreichen. Als Motortyp wird der weit verbreitete Asynchronmotor ausgewählt.

Beim Energieverbrauch des Elektrofahrzeuges wird unterschieden zwischen dem Energieverbrauch ab Energiespeicher und dem Energieverbrauch ab Steckdose. Diese Unterscheidung ist wichtig, da der Energieverbrauch ab Speicher die Reichweite des Fahrzeuges angibt, der Energieverbrauch ab Steckdose aber den Stromverbrauch bestimmt, den der Kunde letztlich bezahlen muss. Diese Abweichung kommt zustande, da beim Laden der Batterie Verluste auftreten, z.B. durch den Wechselrichter oder auch die Batterie selber. Für den Verbrauch ab Energiespeicher wird ein Wert von 11,60kWh/100km angesetzt. Diesen Verbrauch geben Wallentowitz et al. (2010, S.114) für einen Kleinwagen mit 1200kg Gewicht an. Da das Fahrzeuggewicht um ca. 60kg geringer ist, wäre der Energieverbrauch für dieses Fahrzeug vermutlich geringfügig kleiner, diese minimale Ungenauigkeit wird hier aber vernachlässigt und als sehr gering eingestuft. In den Verbrauchswert einberechnet sind bereits der Energiebedarf von Nebenaggregaten, wie zum Beispiel der Klimaanlage oder der Bremsunterstützung. Dennoch sei darauf hingewiesen, dass die Annahme eines ganzjährig konstanten Verbrauchs nicht der Realität entspricht. Der Verbrauch eines Elektrofahrzeuges schwankt aufgrund der elektrischen Versorgung vieler Nebenaggregate aus dem Batteriespeicher saisonal sehr stark. So ist z.B. im Winter häufiger Fahrzeugbeleuchtung oder die Innenraumbeheizung notwendig. Ermittelt wurde der hier genannte Verbrauchswert auf Basis des Fahrzyklus „Urban Dynanometer" der Amerikanischen Umweltschutzbehörde, dem eine Stadtfahrt mit maximalen Geschwindigkeiten von ca. 90km/h zugrunde liegt (Wallentowitz et al., 2010, S.104f.).

Der Energieverbrauch ab Steckdose bezieht sich auf den Herstellerangaben des elektrischen Kleinwagens CitySax, ein umgebauter Chevrolet Matiz. Der Hersteller gibt einen Verbrauch zwischen 16 und 18kWh/100km an. Da der CitySax aber nur knapp 1000kg wiegt, wird der Mittelwert von 17kWh/100km mit dem Faktor 1,14 multipliziert, was dem Mehrgewicht des hier vorliegenden Referenzfahrzeuges entspricht. Der angegebene Spritverbrauch des konventionellen Fahrzeuges wird auf Basis der Herstellerangaben für Fahrten Außerorts und Innerorts mit einem Anteil von 30% bzw. 70% ermittelt, um so den Umstand zu berücksichtigen, dass die betrachteten Fahrzeuge vorranging in der Stadt eingesetzt werden sollen. Zukünftige Effizienzverbesserungen beider Antriebsstränge während der Nutzungszeit werden in dieser Arbeit nicht weiter berücksichtigt, da davon ausgegangen wird, dass diese Effekte nur bei Neufahrzeugen wirksam werden.

Die Masse des Elektrofahrzeuges wird mittels der einzelnen Antriebskomponenten abgeschätzt. Das vom Hersteller des VW Polo angegebene Fahrzeuggewicht wird um die Gewichtsanteile des Ottomotors und des Benzintanks vermindert und dann mit den ermittelten Gewichten für Elektromotor, Leistungselektronik und Batterie beaufschlagt. Für die Batterie wird eine Leistungsdichte von 100Wh/kg angenommen, was den Durchschnitt der aktuell angebotenen Hochenergiesystemen auf Lithium-Ionenbasis darstellt (Kalhammer et al., 2007, S.29). Somit ergibt sich ein Gesamtgewicht von 1143 kg. Das zugelassene Fahrzeuggesamtgewicht wird trotz des Mehrgewichts von 76kg nicht höher angesetzt als beim konventionellen Antrieb, da davon ausgegangen werden muss, dass die Karosserie und andere Teile auf diese Lasten ausgelegt sind. Das zugelassene Gesamtgewicht ist bei Elektrofahrzeugen für die Berechnung der Kfz-Steuer relevant (siehe Anhang A). In Zukunft ist zu erwarten, dass sich die Energiedichte der Batterien weiter verbessert. Diese Entwicklungen werden in dieser Arbeit aber nicht weiter berücksichtigt, da eine Erhöhung der Batteriekapazität im Verlauf der Fahrzeuglebensdauer zu sehr komplexen Wirtschaftlichkeitsberechnungen führen würde, die den Rahmen dieser Studie sprengen würden. Wenn hingegen angenommen wird, dass die höheren Energiedichten zu einer Verringerung des Fahrzeuggewichtes bei gleichbleibender Batteriekapazität verwendet werden, führt dies nur zu geringfügigen Verbrauchseinsparungen, die in diesen Berechnungen zu tolerierbaren Ungenauigkeiten führen.

Vorstellung der Batteriekonfiguration

Die Lebensdauer wird für beide Fahrzeugtypen mit zwölf Jahren angesetzt. Dies entspricht der aktuell durchschnittlichen Einsatzdauer von verbrennungsmotorischen Fahrzeugen (DAT-Report, 2010, S.32). Zwar sind Abgasanlage und Motor bei älteren Fahrzeugen mit konventionellen Antrieben häufig der Grund für Schadensfälle die bei Elektroautos entfallen, jedoch existieren noch nicht genügend Erfahrungen mit den Belastungen für Elektroautos neu hinzukommender Komponenten im täglichen Betrieb, wie zum Beispiel der Leistungselektronik (DAT-Report, 2010, S.34). Aus diesem Grund wird die Lebensdauer des Elektrofahrzeuges auch auf zwölf Jahre festgelegt, in der Zukunft kann diese Zeitspanne vielleicht aber höher als bei konventionellen Fahrzeugen angesetzt werden.

Die für alle weiteren Betrachtungen angenommene Referenzbatterie ist in Tabelle 3 dargestellt.

Tabelle 3: Kenndaten der angenommenen Referenzbatterie

Eigenschaft	Wert
Batteriekapazität	14 kWh
Zellentyp	Li-Ionen
Kathodenmaterial	LiFePO4
Zellenspannung	3,2 V
Zellkapazität	160 Ah
Anzahl Zellen	27 Zellen
Batterielebensdauer zyklisch	$y=(86/x)^{\wedge}(1/0{,}68)$
Batterielebensdauer kalendarisch	max. 10 Jahre

(Quelle: basierend auf Brooker et al., 2010, S.7; Kalhammer et al., 2007, S.29)

Die Batteriekapazität wird auf 14 kWh festgelegt. Damit sind für das Referenzfahrzeug Reichweiten von bis zu 120 km möglich. Als Batterietechnologie wird die Lithium-Ionen Technologie ausgewählt, da diese unter den derzeit verfügbaren Varianten die größten Entwicklungspotenziale aufweist und viele technische Vorteile besitzt. Lithium-Eisenphosphat (LiFePO4) wird als Kathodenmaterial angenommen. Aufgrund der geringen Kosten wird es derzeit in vielen kommerziell verfügbaren Zellen eingesetzt. Die gewählte Zellspannung ist 3,2 V. Als Zellkapazität wird der auf dem Markt verfügbare hohe Wert von 160 Ah ausgewählt. Auf Basis dieser Konfiguration ergibt sich die Anzahl der nötigen Zellen, um die gegebenen Batteriekapazitäten zu erreichen. Insgesamt sind 27 Zellen nötig. Der Wert ist leicht abgerundet, um eine ganze Anzahl zu erhalten.

Die Lebensdauer der Batterie wird nach dem angepassten Zyklenlebensdauermodell des National Renewable Energy Laboratory (Brooker et al., 2010, S.7) abgeschätzt. Die in der Tabelle vorgestellte Formel gibt die zu erreichende Zyklenzahl y in

Abhängigkeit der durchschnittlichen Entladetiefe x an. Dieses Modell repräsentiert den aktuellen technischen Stand, weil veröffentlichte Angaben verschiedener Hersteller unter Berücksichtigung von Temperatureinflüssen und kalendarischer Alterung berücksichtigt wurden. Es ist deshalb geeignet, die Lebensdauer von Batterien im praktischen Einsatz nachzubilden und liefert Zyklenzahlen, die deutlich unter den theoretischen Werten liegen. Dennoch ist zu beachten, dass selbst bei geringen Fahrleistungen die Batterie auch kalendarischen Alterungsprozessen unterliegt. Für Lithium-Hochenergiebatterien gelten derzeit maximal zehn Jahre Lebensdauer als realistische Größe (Kalhammer et al., 2007, S.29; A123 Systems, 2010; Mathoy, 2008, S. 8). Diese Jahreszahl wurde deshalb in den Berechnungen als höchstmögliche Lebensdauer angesetzt, selbst wenn theoretisch nach dem Zyklusmodell noch Restzyklen möglich wären. Weil unsicher ist, inwieweit noch Fortschritte bei der zyklischen und kalendarischen Lebensdauer erzielt werden können, wurden mögliche, zukünftige Lebensdauerverbesserungen in den Berechnungen nicht weiter berücksichtigt (U.S. Department of Energy [DOE], 2008, S.4).

Kapitel 3.3.3 – Batteriekosten

Wie bereits mehrfach in dieser Arbeit angedeutet, stellen die Batteriekosten neben der Fahrzeugkarosserie die größte Kostenposition der Elektromobilität dar. In diesem Kapitel sollen die Kosten für den Batterieeinsatz genauer untersucht werden. Es werden die Ergebnisse einer Herstellerumfrage zu aktuellen Batteriepreisen präsentiert und ein Referenzpreis für die weitere Kostenberechnung gebildet. Im Anschluss daran werden zukünftige Einsparpotenziale analysiert und die zukünftige Kostenentwicklung der Referenzbatterie berechnet. Alle Ausführungen in diesem Kapitel beziehen sich dabei auf Lithium-Ionen Batterien, falls nicht anders vermerkt.

Aktuelle Batteriekosten

Die Betrachtung der Batteriekosten ist eine wichtige Grundlage für einen umfassenden Mobilitätskostenvergleich mit anderen Batterietechnologien aber auch Antriebsarten. An dieser Stelle sollen daher zuerst die aktuellen Batteriepreise für Lithium-Ionenbatterien dargestellt werden. In vielen Studien und Strategiepapieren werden derzeit am Markt verfügbare Batteriepreise für Lithium-Ionen Batterien zwischen 1000€ und 1200€/kWh angenommen (Boston Consulting Group [BCG], 2010, S.6; Mayer, 2010a). Im Gespräch mit kleinen Fahrzeugherstellern wurde jedoch deutlich, dass bereits Batteriesysteme von unter 600€ möglich sind. Die Preisannahmen aus den Studien sind meist Angaben der großen Fahrzeughersteller. Um daher ein realistisches Bild des aktuellen Batteriemarktes frei von eventuellen marktstrategischen Kalkulationen wiedergeben zu können, wurden 19 der größten Batteriehersteller weltweit angeschrieben und nach aktuellen Preisen für Batteriesysteme von Elektrofahrzeugen befragt. Die Anzahl der erhaltenen Rückmeldungen sind in Tabelle 4 aufgeführt. An der sehr geringen Rücklaufquote ist erkennbar, dass in der momentanen Marktanlaufphase sich noch viele Hersteller bedeckt halten und das zukünftige Preisniveau von der weiteren Marktentwicklung abhängt. Unter den Firmen, die geantwortet haben, fanden sich ausschließlich Hersteller von Zellen mit Lithiumtechnologie.

Tabelle 4: Rückmeldungen der durchgeführten Preisumfrage

Angeschriebene Batteriehersteller	19
Erhaltene Rückmeldungen	4
Rückmeldungen mit Preisen	3
Rücklaufquote in Prozent	21

(Quelle: eigene Umfrage)

Um eine breitere Basis zur Einschätzung des aktuellen Batteriepreises zu erhalten, wurden daher auch gezielt einige Hersteller von elektrischen Fahrzeugen befragt, die teilweise selber Batteriesysteme fertigen und sich nur die Zellen liefern lassen. Durch dieses Vorgehen wurden drei weitere Batteriepreise ermittelt. Es ist zu beobachten, dass die sehr niedrigen Preise ausschließlich von asiatischen Zellherstellern realisiert werden. Dies liegt daran, dass es aufgrund der Entwicklungen der letzten Jahrzehnte in Deutschland und Europa so gut wie keinen international bedeutenden Zellhersteller mehr gibt bzw. gab und sich die Batteriefertigung zusammen mit der Unterhaltungselektronik vor allem im asiatischen Raum konzentriert hat. Das führt dazu, dass deutsche Automobilhersteller zunehmend beginnen, sich aktiv in der Batterieforschung und –entwicklung zu engagieren. Neu gegründet wurde z.B. die deutsche Li-Tec Gmbh als ein Gemeinschaftsunternehmen von Daimler und Evonik, die sich mit der Entwicklung und Herstellung von Lithium-Ionen Zellen für Traktionsanwendungen befasst und dessen Ziel die Massenfertigung von Traktionsbatterien für Elektrofahrzeuge ist (Zschech, 2010). Dieses Engagement ist für die Fahrzeughersteller und der deutschen und europäischen Wirtschaft von strategischer Bedeutung, da sich bei einer breiten Einführung von Elektrofahrzeugen die Wertschöpfung in der Produktion deutlich von den Verbrennungsmotoren und anderen Komponenten in Richtung der Batterietechnologie verschieben wird (siehe Wallentowitz et al., 2010, S.135-147). Dies kann auch ein Grund dafür sein, dass in den aktuellen Studien die Batterieherstellungskosten in der Höhe zwischen 1000€ und 1200€/kWh angesetzt werden. In dieser Spanne können die europäischen Batteriehersteller annähernd liefern und somit wird durch solche Studien weiterhin auf einen hohen Forschungs- und Entwicklungsbedarf im Bereich der europäischen Batterietechnologiekompetenz hingewiesen.

Werden die insgesamt 6 ermittelten Preise bereinigt um zwei unverhältnismässig hohe Werte aus europäischer Produktion, ergibt sich für die restlichen Zellen aus chinesischer Produktion ein Durchschnittspreis von rund 541€/kWh für ein komplettes Batteriesystem. Da die einzelnen Preise aber auch von den eingesetzten Zellmaterialien abhängen, sollen für die Preisberechnung der Referenzbatterie zwei Angaben für Lithium-Eisen-Phosphat Zellen als Grundlage dienen. Die Kosten für das Batteriemanagementsystem werden zusammen mit den Antriebsstrangkosten errechnet, weshalb an dieser Stelle nur ein durchschnittlicher Zellpreis ohne BMS gebildet wird. In Tabelle 5 sind die verwendeten Zellpreise und der sich ergebende Durchschnittswert dargestellt. Da es sich bei den Preisen um vertrauliche Angaben handelt, sind die Herstellernamen anonymisiert worden.

Tabelle 5: Zellkosten der Referenzbatterie basierend auf Zellen mit LiFePO4-Kathode

Zellhersteller	Preis ohne BMS
Hersteller 1	375 €/kWh
Hersteller 2	487 €/kWh
Durchschnittspreis	**431 €/kWh**

(Quelle: eigene Umfrage)

Zukünftige Batteriepreisentwicklung

Im vorherigen Abschnitt wurden die aktuellen Batteriekosten für Lithium-Ionen Batterien untersucht. An dieser Stelle soll ein kurzer Ausblick über zukünftige Batteriepreise und Kostensenkungspotenziale gegeben werden. Die Expertenmeinungen darüber sind sehr unterschiedlich, da die Entwicklung des Batteriepreises von mehreren Faktoren abhängt.

Haupteinflussgrößen sind die Anzahl der jährlich produzierten Batterien sowie zukünftige Materialkosten (Warrier et al., 2009, S.74). Der Grund dafür ist, dass viele Prozessschritte der Batteriefertigung noch manuell durchgeführt werden müssen. Erst bei größeren Produktionsvolumina ist der Einsatz von Robotern wirtschaftlich. In Abbildung 4 sind Expertenschätzungen aus verschiedenen Studien dargestellt. Für alle Preise, die original in Dollar angegeben wurden, wird ein Umrechnungskurs von $ 1,30 pro Euro angenommen. Insgesamt ist festzustellen, dass in allen Quellen ein Preis von unter 300€/kWh bei Großserienfertigung für möglich gehalten wird. Die Analysten von Bain und Company (Matthies et al., 2010, S.15) gehen sogar von Preisen bis zu 140€/kWh aus. Zusätzlich ist in Abbildung 4 auch die Preisschätzung eines europäischen Herstellers angegeben, die bei großen Stückzahlen anvisiert wird. Mit einem Preis von ca. 650€/kWh würden sie damit jedoch noch 100€/kWh über den oben ermittelten Durchschnittspreis liegen, den Hersteller auf Basis asiatischer Zellen bereits heute anbieten. Es bleibt daher abzuwarten, ob deutsche und europäische Zellproduzenten den Kostenvorteil asiatischer Hersteller mit Qualitätsvorsprüngen ausgleichen können. So gibt der oben erwähnte europäische Hersteller an, mit seiner Technologie bis zu 1000 Zyklen mehr erreichen können als Standardlithium-Ionen Zellen der asiatischen Konkurrenz. Jedoch müssen sich diese Werte im Praxistest noch bewähren.

Abbildung 4: Zukünftige Preise von Lithium-Ionen-Batterien

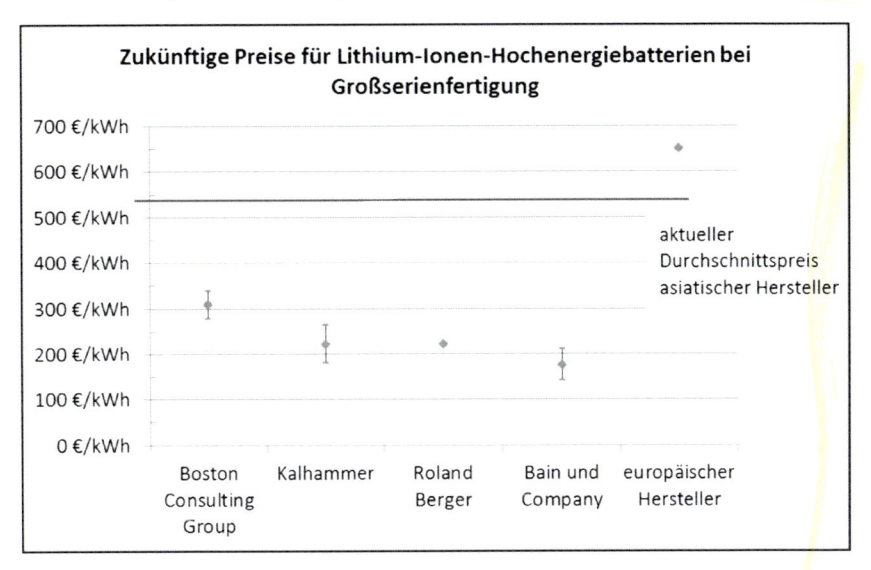

	Zukünftige Preise für Lithium-Ionen-Hochenergiebatterien bei Großserienfertigung
700 €/kWh	
600 €/kWh	
500 €/kWh	
400 €/kWh	aktueller Durchschnittspreis asiatischer Hersteller
300 €/kWh	
200 €/kWh	
100 €/kWh	
0 €/kWh	Boston Consulting Group — Kalhammer — Roland Berger — Bain und Company — europäischer Hersteller

(Quelle: BCG, 2010, S.8; Kalhammer et al., 2007, S.47; Roland Berger, 2008, S.8; Matthies et al., 2010, S.15; persönl. Mitteilung)

Um beurteilen zu können, ob Batteriekomplettpreise von unter 300€/kWh realistisch sind, soll an dieser Stelle die Zusammensetzung des Batteriepreises untersucht werden. In Abbildung 5 ist die Preiszusammensetzung aktueller Lithium-Ionen-Batteriesysteme aufgeführt, die von den Analysten der Boston Consulting Group (2010, S.6) ermittelt wurde. Dabei fällt auf, dass die Zellfertigung den größten Anteil am Batteriekomplettpreis trägt. Damit verbunden ist eine relativ hohe Abhängigkeit von den Preisentwicklungen der nötigen Zellmaterialien, wie z.B. Lithium, Kupfer und Aluminium. Alle zukünftigen Prognosen müssen daher immer vor diesem Hintergrund gesehen werden. Den zweitgrößten Anteil am Batteriepreis haben die Modulkomponenten, die vor allem aus Platinen und Sensoren für die Zellüberwachung bestehen. Die

Batteriesystemkomponenten mit dem Batteriemanagementsystem stellen den derzeit kleinsten Posten da, obwohl dieser Anteil auch stark von der Funktion und dem Umfang des BMS abhängt. Aufgrund der noch sehr kleinen Automatisierungsquote bei der Batteriefertigung liegt der Personalaufwand hier bei 11%.

Abbildung 5: Kostenzusammensetzung eines Batteriesystems

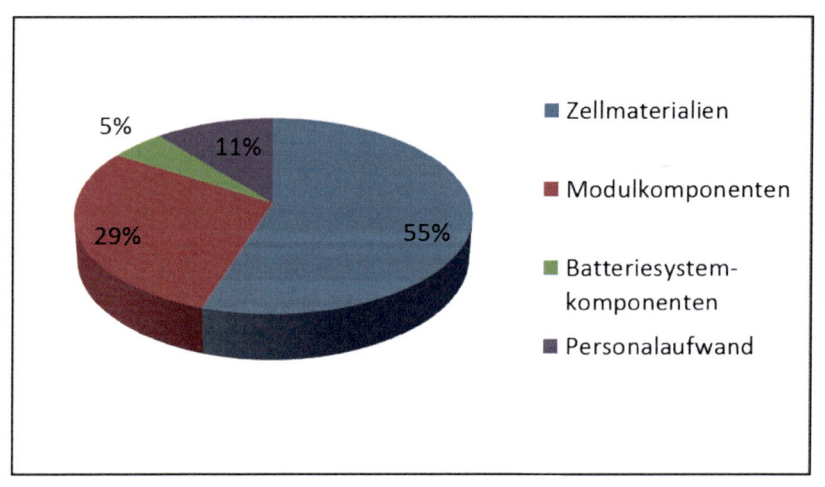

(Quelle: basierend auf BCG, 2010, S.6)

Reduktionspotenziale liegen derzeit noch bei allen vier Bereichen. Die nötigen Preissenkungen können grundsätzlich auf zwei Ebenen erzielt werden. Auf der einen Seite sind Skaleneffekte durch eine Massenfertigung von Batteriesystemen zu erwarten, auf der anderen Seite können die Kosten auch durch technologische Fortschritte gesenkt werden. In Tabelle 6 sind mögliche Maßnahmen und Effekte aufgeführt. So sind durch Großserienfertigung Skaleneffekte bei der Hard- und Softwareentwicklung zu erwarten. Auch können Rohstoffe günstiger eingekauft werden und die Produktionsprozesse lassen sich größtenteils automatisieren (Matthies et al., 2010, S.14f.). Durch diese Maßnahmen können Kosten vor allem beim Personalaufwand eingespart werden. Zusätzlich können Fortschritte in Forschung und Entwicklung dazu beitragen, dass neben einer günstigeren Materialauswahl die Energiedichten und die Lebensdauern der Zellen erhöht und die sehr umfangreichen und kostenintensiven Prüfverfahren für die Zellen optimiert werden (Matthies et al., 2010, S.14f.).

Tabelle 6: Kostenreduktionspotenziale bei der Batterieherstellung

Skaleneffekte	Technologie-entwicklung
Hard- und Software-entwicklung	Ersatz teurer Basis-chemikalien
Kostendegression beim Einkauf	Höhere Energiedichten
Automatisierung und Optimierung von Produktionsprozessen	Längere Lebensdauern
	vereinfachte Test- und Prüfverfahren

(Quelle: basierend auf Angaben von Matthies et al., 2010, S.14f.)

Wird nun als Zielmarke ein spezifischer Batteriepreis von 300€/kWh angestrebt, so müsste der bereits am Markt verfügbare Durchschnittspreis von 541€/kWh für Kleinserien noch um 44,5% gesenkt werden. Geht man jedoch davon aus, dass bereits der Anteil des Personalaufwandes in Zukunft deutlich sinken wird und die Lebensdauer und Energiedichte der Batterien sich stetig erhöhen, so scheinen diese

Batteriepreise bei Großserienproduktionen durchaus als realistisch.

Wann die prognostizierten Preise von unter 300€/kWh erreicht werden, hängt stark von der Marktentwicklung für Elektrofahrzeuge ab. Für die Modellierung zukünftiger Batteriepreise wird in dieser Arbeit davon ausgegangen, dass ähnlich der Entwicklung der Lithium-Ionen-Zellenpreise für portable Geräte 15 Jahre ab Markteinführung nötig sind, um die vollen Kostenpotenziale auszuschöpfen und so im Jahre 2025 die spezifischen Kosten von 300€/kWh erreicht werden (Lunz, 2010, S.16). Unterstützt wird diese Annahme durch das Ziel der Bundesregierung, im Jahre 2020 bereits eine Million zugelassene Elektroautos in Deutschland auf den Straßen zu haben (Bundesregierung, 2008, S.15). Für die folgenden Berechnungen wird vereinfachend eine lineare Preisentwicklung angenommen. In Tabelle 7 sind die resultierenden Zellpreise in einem Abstand von fünf Jahren aufgelistet.

Tabelle 7: Angenommene Zellpreisentwicklung der Referenzbatterie bis zum Jahr 2025

2010	2015	2020	2025
431 €/kWh	378 €/kWh	325 €/kWh	273 €/kWh[1]

[1] abzüglich des Preises für das Batteriemanagementsystem (BMS) inkl. 30% BMS-Preisreduktion

(Quelle: eigene Berechnungen, durchgeführte Umfrage)

Da das Batteriemanagementsystem gesondert berechnet wird, die 300€/kWh aber für Batteriekomplettsysteme prognostiziert wurden, werden für den Zellpreis im Jahre 2025 die BMS-Kosten in Höhe von 27€/kWh abgezogen inklusive 30% zu erwartende Kostenreduktion für das Batteriemanagementsystem basierend auf Angaben eines BMS-Herstellers.

Welche Zellpreise mindestens nötig sind um eine Wirtschaftlichkeit von Elektrofahrzeugen im Vergleich zu verbrennungsmotorischen Antrieben zu erreichen, wird im Rahmen einer Sensitivitätsanalyse in Kapitel 0 untersucht.

Kapitel 3.3.4 - Übersicht aller Anschaffungs- & Nutzungskosten

Alle Kostenpositionen, welche für das oben beschriebene Referenzfahrzeug während der kompletten Nutzungsdauer anfallen und für die Wirtschaftlichkeitsberechnungen verwendet werden, sind in Tabelle 8 und Tabelle 9 zusammenfassend aufgeführt. Eine ausführliche Herleitung und Erklärung aller Werte findet sich in Anhang A.

Tabelle 8: Übersicht aller Kosten des elektrischen und verbrennungsmotorischen Referenzfahrzeuges

Kostenposition	Benziner	Elektroauto[1]
Anschaffungskosten		
Fahrzeug brutto[2]	12.275,00 €	11.293,25 €
Batterie brutto[2]	-	8.472,94 €
Fahrzeug + Batterie gesamt	**12.275,00 €**	**19.766,19 €**
Nutzungskosten		
durchschnittliche KFZ Steuer	40,00 €/Jahr	26,25 €/Jahr
Gebühren für HU und AU	34,17 €/Jahr	26,50 €/Jahr
KFZ-Versicherung	732,00 €/Jahr	620,93 €/Jahr
Wartung	2,20 ct/km	2,03 ct/km
Instandhaltung	3,40 ct/km	3,40 ct/km
Batteriewechsel	-	63,43€

[1] Preise basieren auf theoretischen Berechnungen
[2] Preise inkl. 18% Händlermarge

(Quelle: basierend auf Daten aus DAT-Report, 2010, S.36, S. 38; VW, 2009; Daparto.de, 2010; TÜV Süd AG, 2010; Kfz-steuer.de, 2010; Autokostencheck.de, 2010; Boeckle, 2010)

Tabelle 9: angenommene Strom- und Benzinpreise

	2010	2015	2020	2025
Benzinpreis inkl. Besteuerung	1,61 €/l	1,69 €/l	1,88 €/l	2,06 €/l
Strompreis inkl. Besteuerung[1]	22,95 ct/kWh	27,17 ct/kWh	31,39 ct/kWh	35,62 ct/kWh

[1] Strompreise linear extrapoliert aus durchschnittlichen Strompreisen der letzten 10 Jahre. Funktion: y=0,8446x-1674,7

(Quelle: basierend auf Daten aus International Energy Agency [IEA], 2008, S.68; Bundesministerium für Wirtschaft und Technologie [BMWi], 2010)

Kapitel 3.3.5 - Unsicherheiten und Risiken

In den vorherigen Kapiteln wurde ein umfangreiches Modell erarbeitet, welches alle Kosten der PKW-Nutzung berücksichtigen soll. Jedoch sind mit dem PKW- bzw. Batteriebesitz auch Unsicherheiten und Risiken verbunden. Diese sind bei Elektrofahrzeugen umso höher, da es eine neue Technologie ist, mit der erst wenig Erfahrung in der Praxis besteht. Damit Kunden sich dennoch für ein Elektrofahrzeug entscheiden, muss der zusätzliche Nutzen neben dem höheren Preis auch die vom Käufer wahrgenommenen Risiken und Unsicherheiten übersteigen (Becker et al., 2009, S.2). Für die Anwendung der Batterien werden derzeit folgende Risiken gesehen:

- Haltbarkeitsrisiko
- Restwertrisiko
- Risiko des technologischen Fortschritts

Ob das jeweilige Risiko vom Kunden oder vom Anbieter der Batterie getragen wird, hängt letztendlich vom Eigentumsmodell ab und wird in den nächsten Kapiteln ausführlich diskutiert. Die Höhe aller drei Risiken kann in der Regel durch Auswertung statistischer Erfahrungswerte monetär bewertet und so von Versicherungsdienstleistern in Form von Risikoaufschlägen auf den Kunden umgelegt werden. Für Lithium-Ionen Batterien fehlen aufgrund der noch im Entwicklungsstadium befindlichen Technologie solche Datengrundlagen fast vollständig.

Das Restwert- und das Haltbarkeitsrisiko werden daher bei den Berechnungen sehr konservativ abgeschätzt und die Auswirkungen verschiedener Eintrittswahrscheinlichkeiten auf den Endpreis der Modelle im Rahmen einer Sensitivitätsanalyse untersucht. Das Risiko des technologischen Fortschritts, welches bdeutet, dass die Batterie aufgrund der unvorhergesehenen Markteinführung deutlich fortschrittlicherer Technologien an Wert verliert, kann im Rahmen dieser Arbeit nicht abgeschätzt und monetär bewertet werden. Dies wäre ein Thema für weiterführende Studien.

Tabelle 10 führt die angenommenen Wahrscheinlichkeiten auf, die für die Berechnung der Risikozuschläge verwendet wurden.

Tabelle 10: Angenommene Wahrscheinlichkeiten für das Haltbarkeits- und Restwertrisiko

Risiko	Wert	Einheit
Batterieausfallrisiko vor Laufzeitende	1	Anzahl Zellen/100 Zellen
Verkürzte Lebensdauer (Wahrscheinlichkeit)	10	Anzahl Batterien/100 Batterien
Verkürzte Lebensdauer (Tragweite)	20	Verkürzung gegenüber kalkulierter Lebensdauer

(Quelle: eigene Annahmen)

Das Haltbarkeitsrisiko wird dabei anhand der Ausfallraten einzelner Zellen abgeschätzt, denn fehlerhafte Zellen können jederzeit problemlos ausgetauscht werden ohne dass die komplette Batterie ersetzt werden muss (A. Schwabedissen, persönl. Mitteilung vom 24.6.2010). Die Ausfallrate wird auf 1/100 festgesetzt. Dieser Wert ist als sehr konservativ anzusehen, weil es für die Größe der Referenzbatterie bedeuten würde, dass jede vierte Batterie eine fehlerhafte Zelle enthält. Im Kleinserienfahrzeug CityEl werden seit einigen Jahren Lithium-Batterien eines chinesischen Zellherstellers eingesetzt werden und bisher ist keine einzige Zelle ausgefallen.

Das Restwertrisiko wird durch eine mögliche Verkürzung der nach dem Lebenszyklusmodell kalkulierten Lebensdauer evaluiert. Dabei ist eine Unterscheidung des Restwertrisikos in die Eintrittswahrscheinlichkeit und die Tragweite des Ausfalls nötig. Die Wahrscheinlichkeit des Schadenfalls wird noch höher angesetzt als die Ausfallraten, da es bisher überhaupt keine Anhaltspunkte gibt. Zwar werden die Zellen durch das Batteriemanagementsystem streng überwacht und in kontrollierbaren Betriebszuständen gehalten, externe Einflüsse wie Außentemperaturen oder individuelles Fahrverhalten sowie nicht kontrollierbare Zellreaktionen können trotzdem zu vorzeitiger Kapazitätsverringerung der Batterien führen (Buchmann, 2005, Kapitel 31). Es wird in dieser Arbeit davon ausgegangen, dass jede zehnte Zelle nur 80% der bereits sehr konservativ kalkulierten Lebensdauer hält.

Darüber hinaus wird der Restwert der Batterie nach Nutzungsende noch durch eine Vielzahl externer Faktoren beeinflusst, die in dieser Arbeit nicht abgeschätzt werden können, von Anbietern von Leasing- und Vermietungsdienstleistungen aber in der Regel mit in die Gesamtkalkulation einfließt. So ist der Restwert eines Produktes unter anderem abhängig von folgenden Größen (Diez, 2009, S.169):

- Konjunkturentwicklung
- Angebot und Nachfrage
- Gesetzliche Rahmenbedingungen
- Erfahrungen mit Vorgängermodellen
- Technologische Fortschritte

Für die Wirtschaftlichkeitsberechnungen wird vereinfachend der lineare Abschreibungsbetrag zur Ermittlung des Batterierestwertes verwendet. In Zukunft ist aber sehr wahrscheinlich, dass der Wertverlust einer Batterie, vor allem in Abhängigkeit des technologischen Fortschrittes, wie bei einem Fahrzeug degressiv verläuft und in den ersten Jahren der Nutzung am höchsten ist. Hat die Batterie ihr Lebensdauerende im Fahrzeug erreicht, wird aufgrund fehlender Praxiserfahrung kein Restwert angenommen. Eine eventuell anschließende Weiterverwertung der Batterien, z.B. als stationäre Speicher für erneuerbare Energien, kann derzeit noch nicht ökonomisch bewertet werden. Weil die Batterien nach Ende ihrer Lebensdauer noch über 80% ihrer Restkapazität verfügen, wird es aber in Zukunft wichtig sein, eventuelle Potenziale abschätzen zu können und so zusätzlich erzielbare Erlöse in die Wirtschaftlichkeitsbetrachtung von Elektrofahrzeugen einfließen zu lassen. Dies wäre ein denkbarer Untersuchungsgegenstand für weiterführende Studien.

Kapitel 3.4 - Fahrprofile

Neben den verschiedenen Konfigurationen der Antriebsstränge und den Kosten für Strom oder Benzin wirken sich auch die Fahrprofile der Nutzer auf die Wirtschaftlichkeit eines Fahrzeuges aus. Im Rahmen dieser Arbeit sollen daher drei verschiedene Fahrleistungen betrachtet werden. Anhand der Studie „Mobilität in Deutschland" (Institut für angewandte Sozialforschung [Infas] und Deutsches Zentrum für Luft und Raumfahrt [DLR], 2010) werden drei Bevölkerungsgruppen ausgewählt und ihre täglich im Durchschnitt zurückgelegten Strecken ermittelt. In Tabelle 11 sind die Ergebnisse dargestellt.

Tabelle 11: Betrachtete Fahrprofile

	Berufstätiger Vollzeit	Berufstätiger Teilzeit	Hausfrau/-mann
durchschnittliche Tagesstrecke	58 km/Tag	39 km/Tag	27 km/Tag
Jahresfahrleistung	21.170 km/Jahr	14.235 km/Jahr	9.855 km/Jahr
Anteil an der Bevölkerung	36 %	11 %	7 %
nötige Batteriewechsel	2	1	1

(Quelle: Infas und DLR, 2010, S.82; eigene Berechnungen)

Es werden ein Berufstätiger mit einer 40-Stunden Woche, ein Berufstätiger in Teilzeit und eine Hausfrau bzw. –mann betrachtet. Der Berufstätige in Vollzeit legt die meisten Tageskilometer mit rund 60km zurück und bildet den mit Abstand größten Bevölkerungsanteil. 11% der Bevölkerung sind Berufstätige in Teilzeit und haben daher weniger Arbeitswege und Dienstfahrten zu erledigen und kommen auf rund 40km pro Tag. Eine Hausfrau/-mann legt für private Erledigungen, Freizeitaktivitäten und Einkäufe rund 27 km täglich zurück, stellt jedoch nur einen kleinen Anteil von 7% der Gesamtbevölkerung dar.

Innerhalb dieser Gruppen schwankt auch der Anteil von Strecken die Innerorts und Außerorts zurückgelegt werden und somit der Energieverbrauch des Fahrzeuges. Da in dieser Arbeit aber elektrische Stadtfahrzeuge für den innerstädtischen Verkehr die Grundlage für die Wirtschaftlichkeitsbetrachtung bilden, wird vereinfachend angenommen, dass alle drei Fahrergruppen 70% ihrer Strecken Innerorts und 30% Außerorts zurücklegen. Weiterhin wird unterstellt, dass alle Fahrten von der elektrischen des Fahrzeuges abgedeckt werden und die Fahrzeuge ...ngstrecken verwendet werden.

Zusätzlich ist die Anzahl der Batteriewechsel angegeben, die bei der jeweiligen Fahrleistung während der gesamten Nutzungsdauer für das Referenzfahrzeug nötig werden. Es ist erkennbar, dass selbst bei Wenigfahrern mindestens ein Tausch der Batterie erfolgen muss. Der Vielfahrer benötigt alle fünf Jahre eine neue Batterie und somit insgesamt zwei Wechsel.

Kapitel 3.5 - Zusammenfassende Übersicht

Im Folgenden sollen die wichtigsten Ergebnisse dieses Kapitels kurz wiedergegeben werden:

> ➢ Im Bereich des Vertriebes sowie der Reparatur von Batterien werden sich sehr wahrscheinlich Unternehmen aus der klassischen Automobilwirtschaft positionieren können. Die Zellherstellung sowie die Energieversorgung erfordern neue Akteure, die finanzstarken Energieversorger werden möglicherweise eine wichtige Rolle im Vertrieb von Elektrofahrzeugen einnehmen.

> ➢ Zur Bewertung der Wirtschaftlichkeit eines Elektroautos ist ein ganzheitlicher Kostenansatz nötig, der alle Anschaffungs- und Nutzungskosten erfasst.

> ➢ Im Rahmen dieser Arbeit wurde das neueste Modell des VW Polos als Referenzfahrzeug gewählt und die Kenndaten für einen elektrischen Antriebsstrang theoretisch abgeleitet.

> ➢ Derzeit werden eine Vielzahl von Kathodenmaterialien in Lithium-Ionen Batterien eingesetzt, die sich vor allem auf die Energiedichte, Lebensdauer und den Preis der Zellen auswirken.

- Für die Referenzbatterie wurde als Kathodenmaterial das weit verbreitete Lithium-Eisenphosphat (LiFePO4) festgelegt.
- Zukünftige Rohstoffengpässe aufgrund eines Mangels an Lithium können derzeit nicht festgestellt werden. Die Entwicklung einer funktionsfähigen Recyclinginfrastruktur für Lithium Batterien ist zu empfehlen.
- Die aktuellen Batteriekosten (2010) wurden durch eine Herstellerbefragung ermittelt. Der durchschnittliche Zellpreis liegt bei 431€/kWh.
- Ein umfangreiches Kostenmodell wurde für das Referenzfahrzeug entwickelt.
- Durch die Automatisierung von derzeit noch manuell durchgeführten Fertigungsschritten sind große Kostenreduktionen zu erwarten. Ein zukünftiger Zellpreis von 273€/kWh im Jahr 2025 erscheint realistisch.
- Die Risiken des Batterieausfalls und des Restwertes können momentan nur grob abgeschätzt werden. Es werden in dieser Arbeit sehr konservative Werte verwendet.
- Für die Wirtschaftlichkeitsberechnungen werden drei verschiedene Fahrprofile verwendet, die auf Basis der Mobilität-in-Deutschland Studie ermittelt wurden.

Kapitel 4 – Entwicklung eines Verfahrens zur Analyse und Bewertung der Eigentumsmodelle

Der zentrale Untersuchungsgegenstand dieser Arbeit sind die verschiedenen Eigentumsmodelle von Elektrofahrzeugbatterien. Ziel ist es die einzelnen Konzepte miteinander zu vergleichen. Zur genauen Analyse ist jedoch ein einheitliches Verfahren erforderlich, um eine anschließende Vergleichbarkeit der Bewertungsergebnisse gewährleisten zu können. Bestandteil dieses Kapitels ist es, die gewählte Vorgehensweise offen zu legen. Zu Beginn des Kapitels wird die Struktur des Vergleichsverfahrens beschrieben. In einem zweiten Schritt werden die Bewertungskriterien bzw. Eigenschaften, anhand derer die einzelnen Eigentumsmodelle evaluiert werden, aufgeführt. Anschließend wird der Aufbau und die Wahl der Bewertungsskala sowie die gewählte Referenzgröße erläutert.

Kapitel 4.1 – Vorgehensweise bei der Modellbewertung

Wie bereits zu Beginn dieser Arbeit erwähnt, werden die verschiedenen Eigentumsmodelle auf zwei Arten miteinander verglichen. Der gewählte Ablauf des Verfahrens ist in Abbildung 6 dargestellt. Zum einen werden die anfallenden Kosten für den Kunden für die einzelnen Modelle exemplarisch für ein Referenzfahrzeug durchgerechnet. Zum anderen sollen die Konzepte anhand ihrer Eigenschaften gegenübergestellt werden.

Abbildung 6: Ablauf des Vergleichsverfahrens

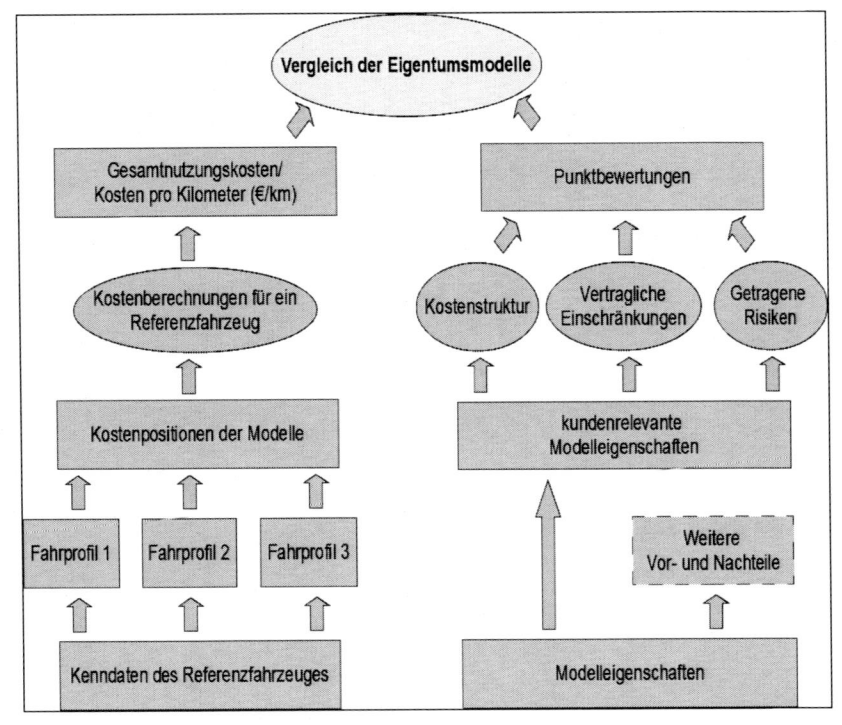

(Quelle: eigene Darstellung)

Der wirtschaftliche Vergleich basiert auf den Kenndaten eines elektrischen Kleinwagens. Eine detaillierte Beschreibung des Referenzfahrzeuges befindet sich in Kapitel 3.3.2. Ergänzend zu den Fahrzeugdaten werden in Kapitel 3.4 drei Nutzerprofile erstellt, um eine differenziertere Aussage über die Wirtschaftlichkeit der einzelnen Modelle geben zu können. Auf Basis dieser drei verschiedenen Fahrzyklen werden alle Kostenpositionen aufgestellt, zur Gesamtkostenberechnung herangezogen und auf Kilometerkosten herunter gerechnet. So ist ein direkter Vergleich der Anschaffungs- und Nutzungskosten möglich. Zusätzlich werden die Kosten für ein verbrennungsmotorisches Fahrzeug ermittelt und den Kosten für einen vollelektrischen Kleinwagen gegenübergestellt.

Der strukturelle Vergleich der Eigentumsmodelle soll neben der Wirtschaftlichkeitsberechnung dazu dienen Unterschiede aufzudecken, welche zusätzlich die Kundenakzeptanz beeinflussen können. Um eine einheitliche Bewertung durchführen zu können, werden kundenrelevante Eigenschaften festgelegt, die bei allen Modellen auftreten. Vervollständigt wird die Untersuchung durch die Angabe weiterer Vor- und Nachteile, die jedoch nicht in den Vergleich einbezogen werden, da sie nicht bei allen Konzepten vorkommen und eine Klassifizierung den Rahmen dieser Arbeit sprengen würde. Die Eigenschaften, die analysiert werden, betreffen die Kostenstruktur, das getragene Risiko sowie vertragliche Einschränkungen und werden im folgenden Unterkapitel kurz vorgestellt. Die ermittelten Eigenschaften haben für jedes Modell unterschiedliche Ausprägungen, z.B. die Eigenschaft „getragenes Risiko" kann die Ausprägung „hoch" für ein Modell und „niedrig" für ein anderes haben. Diese Ausprägungen werden im Bewertungsverfahren anhand einer Skala festgestellt und einem bestimmten Wert zugeordnet.

Kapitel 4.2 - Ausgewählte Modelleigenschaften

Für die Untersuchung werden Eigenschaften ausgewählt, die einen möglichen Einfluss auf die Kundenakzeptanz haben und bei allen vorgestellten Konzepten vorhanden sind:

- ➤ Initialkosten (Anzahlungen, etc.)
- ➤ Mehrkosten im Vergleich zum Kaufmodell
- ➤ Getragene Risiken
- ➤ Vertragliche Bindung

- ➢ Einschränkung der Fahrzeugwahl
- ➢ Weitere Vorteile
- ➢ Weitere Nachteile

Neben den Mehrkosten, die ein Geschäftsmodell für den Kunden mit sich bringt, sind auch die Initialkosten, die er bei Vertragsschluss aufbringen muss, von entscheidender Bedeutung für die Kauf- bzw. Nutzungsentscheidung. So führen Finanzierungs- bzw. Leasingangebote, welche den Anschaffungspreis auf mehrere Ratenzahlungen verteilen, erwiesenermaßen zu einer positiven Absatzförderung und Erhöhung des Kaufanreizes (Diez, 2009, S.19). Darüber hinaus haben die vom Kunden zu tragenden Risiken Einfluss auf die Wahl eines Modells und die Kaufentscheidung. So wird ein risikoaverser Nutzer Dienstleistungen bevorzugen bei denen das Eigentümerrisiko minimal ist bzw. von ihm nicht getragen werden muss.

Weiterhin können die Bindung, die der Kunde bei Vertragsschluss eingeht sowie die Einschränkung der Fahrzeugwahl zusätzliche Kaufhemmnisse schaffen. So existieren zum Beispiel im Mobilfunkgeschäft langfristige Verträge mit in der Regel zwei Jahren Laufzeit und nur einer beschränkten Auswahl an subventionierten Handymodellen, und es gibt Prepaid-Angebote, bei denen der Kunde keine feste Vertragsbindung eingeht, jederzeit ein Kündigungsrecht und freie Geräteauswahl hat.

Neben den genannten Eigenschaften gibt es aber für jedes Konzept noch weitere Faktoren, die eine beeinflussende Wirkung haben können. Diese werden in den weiteren Vor- und Nachteilen der Modelle der Vollständigkeit halber benannt, aber nicht weiter bewertet, da eine einheitliche Klassifizierung und Bewertung den Rahmen dieser Arbeit sprengen würde.

Kapitel 4.3 - Verwendete Skala und Vergleichsgrößen

Der Skala kommt bei der Bewertung der verschiedenen Eigenschaften eine zentrale Rolle zu. Anhand der Skala werden den einzelnen Kriterien Werte und somit Eigenschaftsausprägungen zugewiesen. Die Schwierigkeit besteht hier darin, dass hauptsächlich qualitative Daten quantifiziert werden und deshalb die Festlegung der Skala mit Bedacht gewählt werden muss, um Ungenauigkeiten bei der Wertezuordnung möglichst gering zu halten. Wenn Ausprägungen von Eigenschaften anhand einer Skala gemessen werden sollen, so ist eines zu beachten: Laut Stockmann (2007, S.197f.) bedeutet der Vorgang des Messens immer das Vergleichen mit einem Referenzwert. Die Messung quantifiziert Abweichungen von diesem Referenzwert. Weil der Kunde bei seiner Kaufentscheidung bewusst oder unterbewusst ebenso einen Vergleich mit etwas ihm Bekannten vornimmt, dient der Batteriekauf hier als Referenzgröße (Helm und Steiner, 2008, S.19). Zwar besitzen die meisten Kunden mit dem Kauf einer Traktionsbatterie aufgrund der noch recht überschaubaren Anzahl von verfügbaren Elektrofahrzeugen kaum Erfahrungen, jedoch ist der Fahrzeugkauf dem Batteriekauf sehr ähnlich, vor allem was die Vertragsmodalitäten angeht. Der Fahrzeugkauf stellt derzeit die dominierende Form der Fahrzeugbeschaffung dar, die Leasingraten im Privatkundenbereich haben in den letzten Jahren deutlich abgenommen und liegen derzeit bei nur noch rund 20 Prozent (DAT-Report, 2010, S.25).

Die Ausprägungen für die Eigenschaften des Modells „Batteriekauf" werden damit als der Durchschnitt angesetzt und bilden den Standard. Weil eine bipolare Skala übersichtlicher ist und die Auswertung leichter macht, werden den Kriterien des Batteriekaufmodells der Wert „Null" zugeordnet. Um darüber hinaus die Eindeutigkeit der Skala zu erhöhen, wird eine verbale Beschreibung hinzugefügt (Bortz und Döring, 2003, S.175ff.). Der Nullwert ist mit „durchschnittlich" umschrieben. Da aufgrund des

Nullwertes eine ungerade Skala notwendig ist, wird eine fünfstufige Variante gewählt, welche die meistverbreitete in der Feldforschung ist (Bortz und Döring, 2003, S.179f.). Die verwendete Skala mit den verbalen Beschreibungen ist in Tabelle 12 dargestellt.

Tabelle 12: Verwendete Bewertungsskala

Skala	Beschreibung
-2	viel niedriger
-1	niedriger
0	durchschnittlich
1	höher
2	viel höher

(Quelle: eigene Annahmen)

Kapitel 5 – Vermarktungs- und Eigentumskonzepte für Traktionsbatterien

Zentraler Untersuchungsgegenstand dieser Arbeit sind Eigentumsmodelle für Traktionsbatterien von Elektrofahrzeugen. Ziel aller Geschäftsmodelle ist, den Nutzungs- und Kaufanreiz für Elektroautos zu erhöhen. Im Mittelpunkt steht dabei die Verteilung der hohen Anschaffungskosten auf die Nutzungsdauer sowie die Abwälzung der Batterierisiken auf einen Dienstleister. Die Entwicklung der Modelle lehnt sich stark an bereits bestehende Geschäftsmodelle der Automobilwirtschaft an. Folgende Konzepte werden betrachtet:

- Batteriekauf
- Batterieleasing
- Batterieversicherung
- Batterievermietung
- Batterievermietung mit Wechselstationen

Alle Annahmen, Berechnungen und Modellkonfigurationen beziehen sich auf Lithium-Ionen Batterien, welche als Referenztechnologie ausgewählt wurde. Jedes Modellkapitel schließt mit einer kurzen Zusammenfassung der wichtigsten Ergebnisse.

Kapitel 5.1 – Batteriekauf

Der Batteriekauf ist das einfachste und klassischste Eigentumsmodell. Es dient in dieser Studie als Vergleichsgrundlage für die anderen Konzepte, die zum Ziel haben, gewisse Nachteile des Batteriekaufs auszugleichen. Zu Beginn des Kapitels wird das Eigentumsmodell anhand der vertraglichen Rechte und Pflichten des Kunden und des Anbieters charakterisiert. In einem zweiten Schritt werden die Annahmen und Werte, die für die Wirtschaftlichkeitsberechnung des Modells verwendet werden, vorgestellt. Anschließend wird das Modell mittels der Berechnungsergebnisse und der bereits definierten Eigenschaften bewertet sowie die Vor- und Nachteile aufgezeigt. Das Kapitel schließt mit einer kurzen tabellarischen Übersicht der wichtigsten Ergebnisse und der vorgenommenen Bewertungen.

Kapitel 5.1.1 - Konzeptvorstellung

Der Batteriekauf ist in der Automobilwirtschaft das geläufigste Vertriebsmodell. Der Kunde bezahlt oder finanziert die Batterie zu Beginn der Nutzungsdauer und erwirbt so die Eigentumsrechte. Er trägt jedoch auch die Ausfall- und Reparaturrisiken des Produktes, wenn die gesetzlichen Gewährleistungsfristen abgelaufen sind. Weil der Großteil aller Fahrzeugkäufe in Deutschland bereits kreditfinanziert wird, muss davon ausgegangen werden, dass auch der Batteriekauf auf diese Weise fremdfinanziert wird (DAT-Report, 2010, S.26). Die Batterie kann aber erhebliche Zusatzkosten bei der Anschaffung verursachen, weshalb im Folgenden angenommen wird, dass die Batteriekosten im Gegensatz zum Autokauf zu 100% aus einem Kredit gedeckt werden. Das Prinzip des kreditfinanzierten Batteriekaufs ist in Abbildung 7 dargestellt.

Abbildung 7: Schematische Darstellung des kreditfinanzierten Batteriekaufs

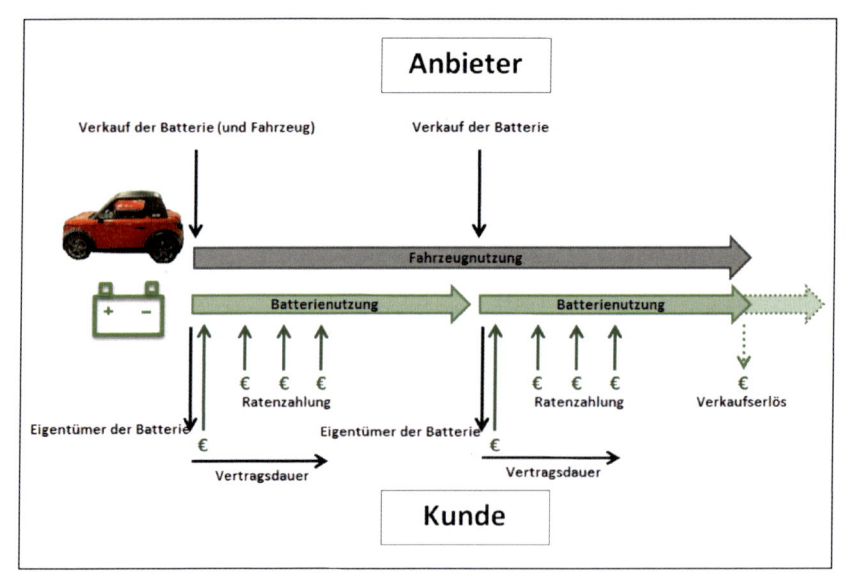

(Quelle: eigene Darstellung)

In der Abbildung ist zu erkennen, dass der Batteriekauf zu Beginn der Fahrzeug- bzw. Batterienutzung vorgenommen wird. Der Kunde erhält die Batterie von einem Anbieter, bei Kauf in der Regel bereits im Fahrzeug eingebaut, und begleicht innerhalb eines vorher vereinbarten Finanzierungszeitraumes das Darlehen zuzüglich Zinsen mit einer Anzahlung und dann mit festen Raten. Wenn die Batterie während der Fahrzeuglebensdauer ausgetauscht werden muss, erhält der Kunde vom Anbieter eine neue Batterie und bezahlt diese wiederum ab. Am Ende der Fahrzeugnutzung kann es vorkommen, dass die Batterie noch einen Restwert hat. So kann der Kunde eventuell einen bestimmten Erlös durch Verkauf der Zellen erzielen.

Der ungewisse Restwert der Batterie und das vom Kunden einzukalkulierende Ausfallrisiko sind die wesentlichen Nachteile dieses Modells. Haltbarkeitsgarantien werden deshalb für die Akzeptanz des Batterieverkaufs eine große Bedeutung haben, da sie das Ausfallrisiko für den Kunden erheblich mindern könnten. Grundsätzlich ist zu erwähnen, dass zwischen der Gewährleistung und der Garantie Unterschiede bestehen. Die Gewährleistung oder sogenannte Sachmängelhaftung ist gesetzlich vorgegeben und wird vom Händler getragen. Der Hersteller ist bei Privatkunden dazu verpflichtet innerhalb von zwei Jahren Mängel an der Ware, die bereits zum Verkaufszeitpunkt bestanden haben, zu begleichen (Diez, 2009, S.174f.). Haltbarkeitsgarantien sind freiwillige Versprechen der Hersteller, welche dem Kunden rechtlich bindend die Funktionstüchtigkeit eines Produktes für eine gewisse Laufzeit zusichern (Diez, 2009, S.174f.).

Gewährleistungsansprüche geltend zu machen, ist besonders nach den ersten 6 Monaten schwierig, weil dann nicht mehr die Beweislastumkehr gilt und der Kunde so dem Händler nachweisen muss, dass die Qualität der Batterie bereits zum Zeitpunkt des Verkaufs mangelhaft war (Diez, 2009, S.174f.). Garantien geben dem Kunden mehr Planungssicherheit und ermöglichen es ihm, den Schaden schnell und unkompliziert vom Hersteller beheben zu lassen. Darüber hinaus können die Laufzeiten von Garantien deutlich länger sein als zwei Jahre. Die optimale Höhe dieser Laufzeiten muss sich in Zukunft entscheiden, derzeit existieren noch verschiedene Lösungen der Hersteller. So bietet die Firma Mega aus Frankreich für ihren elektrischen Kleinwagen eCity zwei Jahre Garantie auf das Fahrzeug samt der Batterie (Iseki-Maschinen GmbH, 2010). Der deutsche Generalimporteur eines chinesischen Zellherstellers hingegen gibt für seine Produkte keine Garantieleistungen und lediglich die gesetzliche Gewährleistungsfrist an. General Motors hat für sein im Jahr 2011 erscheinendes Modell „Chevrolet Volt" eine Garantiezeit von sogar 8 Jahren auf die Batterie einschließlich aller weiteren elektrischen

Antriebsstrangkomponenten angekündigt (Chevrolet, 2010). Dieser Zeitraum wird auch von Experten des Eurotax Schwacke gefordert, um potenziellen Kunden genügend Planungssicherheit zu geben.

Neben der Sachmängelhaftung bringt das Geschäftsmodell des Batteriekaufs für den Kunden und den Anbieter weitere Rechte und Pflichten mit sich. In Tabelle 13: Beschreibung des Eigentumsmodells "Batteriekauf"sind diese tabellarisch aufgeführt. Der Finanzierungsvertrag kann in der Regel laufzeitvariabel gestaltet werden. Der Kunde erwirbt die Eigentumsrechte und somit auch das alleinige Nutzungsrecht an der Batterie und verpflichtet sich zu den regelmäßigen Ratenzahlungen nebst einer Anzahlung bei Laufzeitbeginn. In den vollen Besitz der Batterie kommt der Kunde jedoch erst nach Tilgung des Kredites, bis dahin hat der Anbieter bzw. die von ihm vermittelte Bank gewisse Zahlungs- und eventuell sogar Besitzansprüche (Reinking und Eggert, 2003, S.476).

Darüber hinaus muss der Kunde in den ersten zwei Jahren vom Hersteller vorgegebene Inspektions- und Wartungsintervalle sowie feste Betriebszustände einhalten, damit er den gesetzlichen Gewährleistungsanspruch bei vorzeitigem Batterie- oder Zellenausfall innerhalb dieses Zeitraumes geltend machen kann. Werden Haltbarkeitsgarantien vom Hersteller gegeben, die länger als 2 Jahre gültig sind, verlängern sich diese Verpflichtungen bis zum Ende der Garantiefrist. Damit das Geschäftsmodell mit Garantieleistungen funktioniert, ist es entweder nötig, dass Batteriemanagementsysteme über Betriebszustandsprotokollierungen verfügen oder dass der Hersteller das Managementsystem als geeignet zulässt. Denn nur so kann sichergestellt bzw. überprüft werden, ob die nötigen Betriebszustände eingehalten wurden.

Tabelle 13: Beschreibung des Eigentumsmodells "Batteriekauf"

Kriterien	Kunde	Anbieter
Batterieeigentümer	Kunde	
Vertragsart	Finanzierungsvertrag	
Vertragsdauer	flexibel (max. 84 Monate)	
Rechte	➢ alleiniges Nutzungsrecht ➢ Besitzanspruch nach Ende der Finanzierung ➢ Vertragsauflösung durch vorzeitige Schuldbegleichung	➢ Zahlungs- und eventuell Besitzansprüche bis Finanzierungsende
Verpflichtungen	➢ Anzahlung ➢ Ratenzahlung ➢ Einhaltung bestimmter Wartungs- bzw. Inspektionsintervalle und Betriebszustände	➢ Finanzierung Batterie ➢ Bereitstellung Batterie
technische Voraussetzungen	➢ eventuell Betriebszustandsprotokollierung im Batteriemanagementsystem	
mögliche Anbieter	➢ Fahrzeughändler/Fahrzeug-hersteller ➢ Batteriehändler/Batteriehersteller ➢ Energieversorger	
Weiterentwicklungsmöglichkeiten	➢ Vertrieb von Komplettpaketen mit heimischer Ladestation und Energieversorgungsverträgen	

(Quelle: eigene Darstellung, mit Angaben teilweise basierend auf Reinking und Eggert, 2003, S.464-510)

Als mögliche Anbieter für den Batterieverkauf an Endkunden kommen neben dem Fahrzeughändler auch direkt Batteriehändler in Frage, die sich besonders im Ersatzmarkt positionieren könnten und denen der direkte Vertrieb ohne Umweg über den Fahrzeughersteller es ermöglichen würde, die Batterien preisgünstiger anzubieten. Darüber hinaus ist denkbar, dass sich in Zukunft Energieversorger im Vertrieb der Batterien engagieren und dort Komplettpakete mit Stromvertrag und Ladestation anbieten, um neue Kunden zu binden und einen zusätzlichen Absatzmarkt zu erschließen. RWE ist bereits in diesem Bereich aktiv und bietet solche Pakete mit Elektrofahrzeugen an (RWE AG, 2010). Die Batterien werden derzeit jedoch nicht einzeln vertrieben.

Kapitel 5.1.2 - Kostenberechnung

Der Kaufpreis, den der Kunde für eine Batterie beim kreditfinanzierten Kauf zahlt, hängt von bestimmten Faktoren ab. Die wichtigsten Einflussgrößen und die dafür angenommen Werte sind in Tabelle 14 dargestellt. Die genauen Finanzierungskonditionen werden in Anhang A diskutiert, weshalb an dieser Stelle nicht weiter auf diese eingegangen werden soll.

Tabelle 14: Einflussfaktoren des Kaufpreises und verwendete Annahmen

Einflussfaktor	Wert
Händlermarge	18 %
Finanzierungsanzahlung	25 %
Finanzierungslaufzeit	36 Monate
Effektivzins	3,9 %

(Quelle: Diez, 2003, S.55; Volkswagenbank, 2010)

Der Händleraufschlag von 18% entspricht der üblichen M.
für Gewinn und Verwaltungskosten in der Automobilindus
und wurde auch für den Batteriepreis angenommen (Diez, 2003,
S.55). Der Endpreis der Batterie wurde nach folgender Formel
berechnet:

Formel 2: Verwendete Formel zur Berechnung der Kosten des Batteriekaufs

$$P_{Gesamt} = P_{Batterie} * (1+i_{Händler}) * (1+i_{MwSt}) + P_{Finanzierung}$$

mit

P_{Gesamt}	= *Endkundenpreis [in €]*
$P_{Batterie}$	= *Großhändlerpreis der Batterie [in €]*
$i_{Händler}$	= *Marge des Händlers für Gewinn und Verwaltungskosten [-]*
i_{MwSt}	= *geltender Mehrwertsteuersatz [-]*
$P_{Finanzierung}$	= *Finanzierungskosten (Zinsen) des Kreditgebers [in €]*

Die nach dieser Gleichung berechneten Kosten werden im folgenden Unterkapitel dargestellt und genauer untersucht.

Kapitel 5.1.3 - Modellergebnisse und –bewertung

Die Bewertung des Eigentumsmodells wird anhand der definierten Eigenschaften vorgenommen. Dazu werden in einem ersten Schritt die Ergebnisse der Vollkostenanalyse aufgeführt und anschließend die Vor- und Nachteile dieses Modells erläutert. Der Batteriekauf ist in dieser Studie von besonderer Bedeutung, da er als Basismodell die Vergleichsgrundlage für alle weiteren

Konzepte bildet. Deshalb werden in diesem Kapitel auch nur die Eigenschaften benannt, aber noch keine Bewertungen nach der aufgestellten Skala durchgeführt, denn der Batteriekauf stellt die „Nulllinie" dar (siehe Kapitel 4.3). Ein ausführlicher Wirtschaftlichkeitsvergleich mit dem verbrennungsmotorischen Antrieb wird in der Auswertung in Kapitel 6.1.1 vorgenommen.

Berechnungsergebnisse

Die Gesamtkosten für alle drei Fahrprofile des Batteriekaufs sind in Tabelle 15 als Barwerte aufgelistet und für einen ersten Vergleich den Vollkosten des verbrennungsmotorischen Antriebs gegenübergestellt. Es fällt auf, dass das Elektrofahrzeug deutlich teurer ist und Mehrkosten für einen Vielfahrer von bis zu ca. 4.100€ verursacht. Erkennbar ist auch, dass die Mehrkosten aber mit sinkender Fahrleistung abnehmen. Für das Fahrprofil des Berufstätigen in Teilzeit sind die Mehrkosten vernachlässigbar, steigen bei einer niedrigeren Fahrleistung jedoch wieder an. Dies liegt hauptsächlich an den verschiedenen Ausnutzungsgraden der Batterien. Der Berufstätige in Vollzeit braucht für eine Fahrzeugnutzungsdauer von 12 Jahren zwei Batteriewechsel, der Berufstätige in Teilzeit und der Hausmann/die Hausfrau nur jeweils einen. Der Teilzeitbeschäftigte lastet die Batterie somit besser aus als der Gelegenheitsfahrer, würde aber bei noch höheren Fahrleistungen einen weiteren Batteriewechsel benötigen, was die Mehrkosten wieder ansteigen ließe.

Tabelle 15: Gesamtkosten der Fahrzeugnutzung für das Modell Batteriekauf (Barwerte)

	Elektroauto	Benziner
Berufstätiger Vollzeit	58.158,34 €	54.023,80 €
Berufstätiger Teilzeit	43.140,92 €	43.007,84 €
Hausfrau/-mann	38.338,65 €	36.050,39 €

(Quelle: Eigene Berechnungen)

Abbildung 8 soll verdeutlichen, wie sich diese Kosten zusammensetzen. Die Werte sind abgezinst auf den Zeitpunkt des Fahrzeugkaufs und beziehen sich auf das Fahrprofil des Berufstätigen in Vollzeit sowie des Hausmannes/der Hausfrau. Das Fahrprofil mit mittlerer Fahrleistung wird aus Gründen der Übersichtlichkeit hier nicht weiter betrachtet und erst in der Ergebnisanalyse wieder aufgegriffen. Die Kosten sind aufgeteilt nach Kosten der Batterie- und der Fahrzeugnutzung, weil die Kosten für die Fahrzeugnutzung bei jedem der in dieser Arbeit betrachteten Eigentumsmodelle identisch sind. Deren Aufbau wird deshalb auch nur an dieser Stelle behandelt. Für die Nutzung der Batterie fallen neben den Anschaffungszahlungen für die eigentliche Batterie Zinszahlungen für die Kreditfinanzierung und Kosten für den Batteriewechsel an. Es ist erkennbar, dass der reine Batteriepreis den größten Anteil ausmacht und die Aufwendungen für Zinsen und Wechselarbeiten bei beiden Fahrprofilen vernachlässigbar klein sind.

Die Kosten des Fahrzeuges bestehen aus dem Fahrzeugpreis und allen Kostend des laufenden Betriebes wie Steuern, Gebühren, Wartungskosten, etc.. Weil die Höhe der Stromkosten direkt an die Fahrleistungen gekoppelt ist, schwankt deren Anteil enorm in Abhängigkeit des jeweiligen Fahrprofils. So machen die Zahlungen für den Strom beim Vielfahrer sogar mehr als der eigentliche Autopreis aus, betragen für die Hausfrau jedoch nicht einmal die

Hälfte dessen. Die nächste größere Kostenposition repräsentiert die Aufwendungen für Instandhaltung. Auch diese sind zusammen mit den Wartungskosten variabel, nehmen beim Vollzeit-Beschäftigten die drittgrößte Kostenposition ein. Beim Gelegenheitsfahrer sind diese deutlich geringer als die Versicherungskosten.

Die Versicherungsprämien, anfallende Steuern und Gebühren sowie der Fahrzeugpreis sind fixe Kosten, die unabhängig von der Fahrleistung immer in gleicher Höhe anfallen. Die Aufwendungen für Versicherungen haben einen nicht unerheblichen Anteil und machen mehr als ein Drittel des Autopreises aus. Die aufzubringenden Steuer und Gebühren hingegen sind in Bezug auf die Gesamtkosten beinahe vernachlässigbar gering. Ein weiterer wichtiger Punkt ist die Höhe der Anschaffungskosten für die Batterie und das Fahrzeug. Beim Vielfahrer übersteigen diese aufgrund zwei nötiger Batteriewechsel den Preis des Autos deutlich um ca. ein Drittel, beim Hausmann liegen diese ein wenig darunter.

Abbildung 8: Gegenüberstellung der anfallenden Kosten für Batterie und Fahrzeug (barwertbezogen)

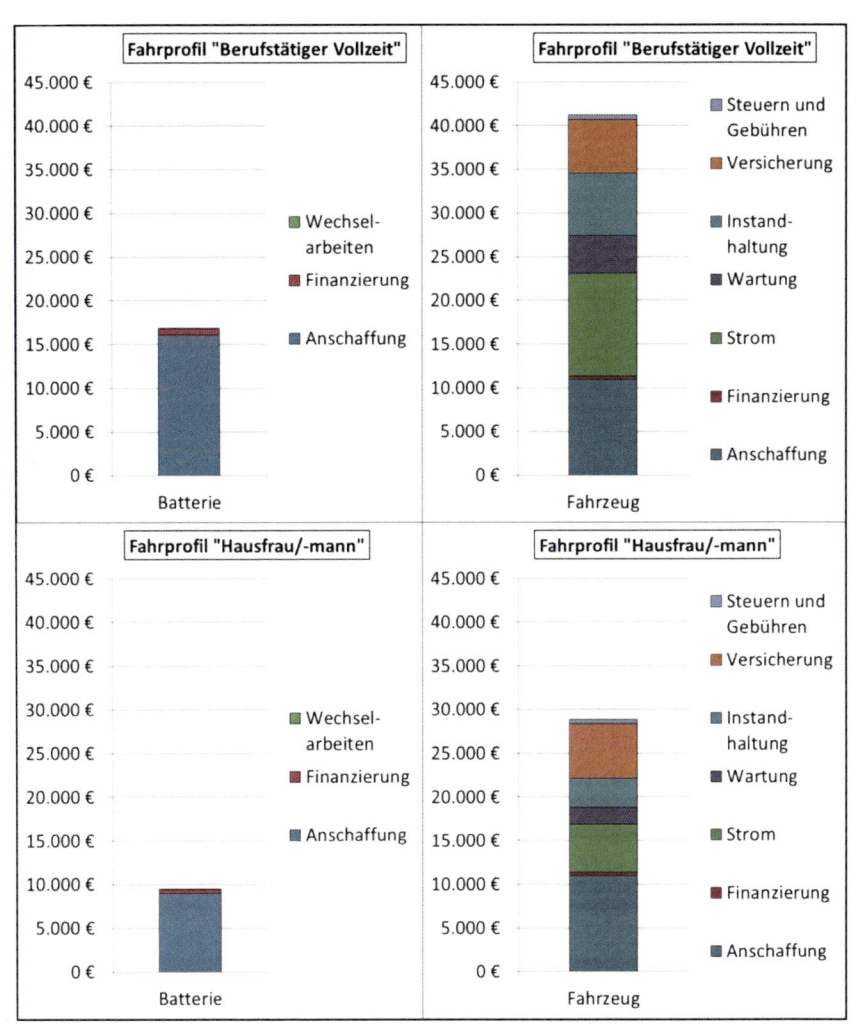

(Quelle: Eigene Darstellung)

Eine detailliertere Aufgliederung der Batterienutzungskosten ist in Abbildung 10 gegeben und dient als Grundlage für den weiteren Vergleich der Eigentumsmodelle. Die Verhältnisse der einzelnen Kostenanteile sind unabhängig von der Fahrleistung und somit für alle Fahrprofile gleich. Der Großhandelspreis der Batterie macht lediglich 68% der Gesamtkosten aus. Den zweitgrößten Posten stellt die Mehrwertsteuer dar, gefolgt von der Händlermarge. Die Kosten der Finanzierung sind mit nur 3% der Gesamtaufwendungen relativ gering. Die Kosten für einen Austausch der Batterie betragen lediglich 1%.

Abbildung 9: Zusammensetzung der nominellen Batterienutzungskosten

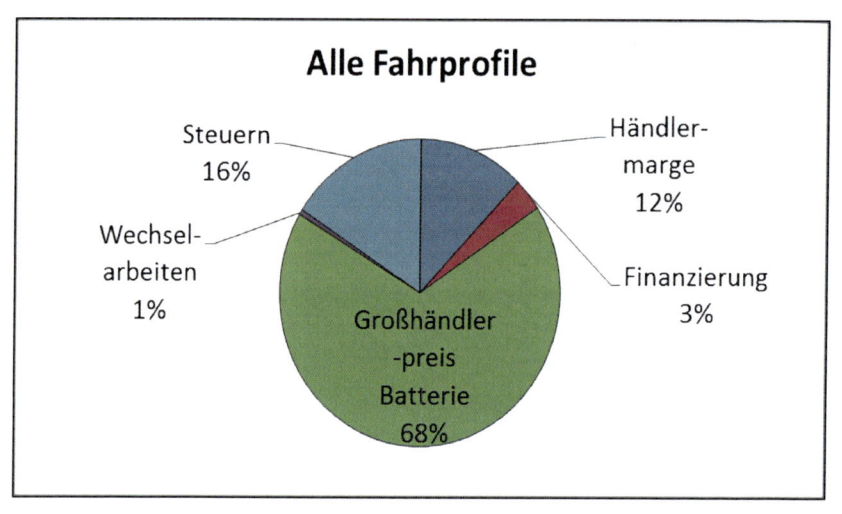

Alle Fahrprofile

- Steuern 16%
- Händlermarge 12%
- Wechselarbeiten 1%
- Finanzierung 3%
- Großhändler-preis Batterie 68%

(Quelle: Eigene Darstellung)

Die Höhe der Kosten hat jedoch nicht ausschließlich Auswirkungen auf die Kaufentscheidung des Kunden, sondern auch der Zeitpunkt der Zahlungsfälligkeit (Diez, 2009, S.166). In Abbildung 10 sind über die gesamte Fahrzeuglebensdauer die für jedes Jahr anfallenden Batterienutzungskosten dargestellt. Die Ergebnisse beziehen sich auf die Fahrprofile des Viel- und des Gelegenheitsfahrers.

Abbildung 10: Nutzungskosten des Batteriekaufs über die Lebensdauer des Referenzfahrzeuges (Nominalwerte)

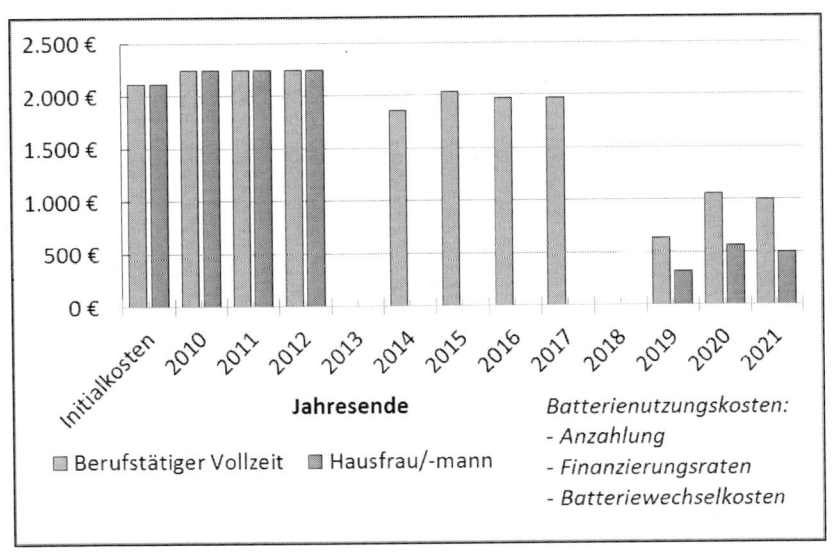

(Quelle: Eigene Berechnungen)

Es ist erkennbar, dass die Kosten in den ersten Jahren aufgrund der Finanzierungsrate konstant sind und eine Anzahlung vor Inbetriebnahme der Batterie zu leisten ist. Nach der Kreditrückzahlung fallen bis zum nächsten Batterietausch keine weiteren Kosten an. Da der Vielfahrer jedoch nach fünf Jahren bereits den ersten von zwei Wechseln durchführen muss, und er auch für diesen Kauf eine Anzahlung leisten muss, fällt für ihn bereits eine Anzahlung im vierten Jahr an. Die Raten für diese Batterie sind geringer, weil davon ausgegangen wird, dass der

Neupreis mit der Zeit sinkt. Die Batterie, welche kurz vor Nutzungsende noch angeschafft werden muss, wird nur noch anteilig verrechnet. Es wird davon ausgegangen, dass der Kunde die Batterie zum erwarteten Restwert weiterverkaufen kann bzw. der Händler diese zu einem vereinbarten Preis zurücknimmt.

Weitere Modellvorteile

Ein Vorteil des Modells für den Kunden ist, dass für ihn keinerlei Beschränkungen bei der Fahrzeugauswahl- und nutzung bestehen. Er kann in der Regel jedes am Markt verfügbare Elektroauto wählen und muss während der Nutzung keine bestimmten Betriebszustände oder Inspektionsintervalle einhalten, außer im Rahmen der Gewährleistungs- bzw. Garantiefrist. Weiterhin ist er nach dem Kauf nicht weiter vertraglich an den Anbieter gebunden, abgesehen von der Kreditlaufzeit. Insgesamt ist zu konstatieren, dass der Batteriekauf ein einfaches Vertriebsmodell ist, welches sich schnell umsetzen lässt und keinen erhöhten Aufwand gegenüber dem alltäglichen Betrieb bedeutet.

Weitere Modellnachteile

Ansonsten birgt dieses Modell zum derzeitigen Standpunkt viele Nachteile für den Kunden. Er trägt das vollständige Risiko der Batteriehaltbarkeit und des Restwertes. Er kann zum gegenwärtigen Stand nur schwer abschätzen, ob die Batterie wirklich die Herstellerangaben einhält und welchen Wert die Batterie nach Nutzungsende hat, selbst wenn sie kaum benutzt wurde. Darüber hinaus ist er aufgrund der hohen Investitionskosten lange an die Batterie gebunden und wird bei einem Ausfall der Batterie während der Kreditlaufzeit aus Bonitätsgründen Probleme bekommen können, einen neuen Kaufkredit für eine Ersatzbatterie zu erhalten. Die Initialkosten sind zwar im Vergleich zu den Gesamtkosten der Batterienutzung relativ gering, betragen aber zum Kaufzeitpunkt fast 20% des Fahrzeugpreises, was einen negativen Einfluss auf die Kundenakzeptanz haben kann. Darüber hinaus muss die Batterie innerhalb kurzer Zeit abbezahlt werden.

Kapitel 5.1.4 - Zusammenfassende Übersicht

Tabelle 16 fasst noch einmal alle in diesem Kapitel genannten Vor- und Nachteile des Batteriekaufs zusammen und dient im weiteren Verlauf der Arbeit als Bewertungsgrundlage für die anderen Eigentumsmodelle.

Tabelle 16: Übersicht der Vor- und Nachteile des Batteriekaufs aus Kundensicht

Eigenschaft	Modellergebnisse
Initialkosten (Anzahlungen, etc.)	➤ 2118€ (17% des Fahrzeugpreises) ➤ Abzahlung der Batterie innerhalb der ersten 3 Jahre
Mehrkosten im Vergleich zum Kaufmodell	-
getragene Risiken	➤ Haltbarkeitsrisiko ➤ Restwertrisiko ➤ Risiko des technologischen Fortschritts
Vertragliche Bindung	➤ Nur während des Kaufzeitpunktes bzw. des Finanzierungszeitraumes
Einschränkung der Fahrzeugwahl	➤ Alle verfügbaren Modelle möglich
Weitere Vorteile	➤ Kaum einschränkende Auflagen zur Batterienutzung ➤ Einfach und schnell umsetzbares Geschäftsmodell
Weitere Nachteile	➤ Langfristige finanzielle Bindung an die Batterie ➤ Eventuell Neubeschaffung notwendig während Kreditlaufzeit

(Quelle: Eigene Darstellung)

Kapitel 5.2 - Batterieleasing

Das Batterieleasing wird derzeit oft in Verbindung mit der Markteinführung von Elektrofahrzeugen genannt. Erhofft wird sich von diesem Konzept, dass es die Risiken der neuen Batterietechnologie für den Nutzer abfängt und es gleichzeitig ermöglicht, die hohen Anschaffungskosten auf die gesamte Nutzungsdauer umzulegen um so den Kaufanreiz zu erhöhen. Bestandteil dieses Kapitels soll es sein, dieses Konzept zu für die Batterie entwickeln und die entstehenden Kosten für die Beispielfälle aufzuzeigen. Im ersten Teil wird das Eigentumsmodell mit seinen rechtlichen und organisatorischen Eigenschaften vorgestellt. Im zweiten Schritt werden die für die Kostenberechnung verwendeten Modellannahmen mit den Haupteinflussgrößen erläutert. Anschließend werden die Ergebnisse der Wirtschaftlichkeitsberechnungen vorgestellt, mit dem Batteriekauf verglichen und das Konzept anhand bestimmter Kriterien bewertet. Das Kapitel schließt mit einer tabellarischen Zusammenfassung der wichtigsten Ergebnisse.

Kapitel 5.2.1 - Konzeptvorstellung

Das Geschäftsmodell des Leasings findet heutzutage in vielen Wirtschaftsbereichen Anwendung. Unternehmen leasen z.B. Produktionsmaschinen oder Geschäftsräume. Dabei wird dem Kunden, auch Leasingnehmer genannt, vom Anbieter, dem Leasinggeber, ein bestimmtes Wirtschaftsgut zur zeitweiligen Nutzung überlassen. Der Kunde gleicht die Kosten dafür mit einer regelmäßigen Ratenzahlung aus (Rieß, 2005, S.31). In den letzten Jahrzehnten haben sich viele Formen des Leasings entwickelt. Diese können nach der Vertragsart aber auch dem Leasinggut unterschieden werden. So gibt es das Finanzierungsleasing, welches über eine feste Vertragsdauer hin die Finanzierung des Leasingobjektes durch den Anbieter zum Ziel hat. Das sogenannte Operating-Leasing hingegen besitzt eine flexible Vertragsdauer, die dem Kunden jederzeit die Kündigung des Vertrages ermöglicht (Rieß, 2005, S.32f.). Das Operating-Leasing entspricht deshalb eher einem Mietvertrag, denn die längere und vorher festvereinbarte Laufzeit ist die Abgrenzung zum klassischen Mieten. Ein Grund für die Inanspruchnahme des Leasings in Unternehmen ist, dass sich daraus steuerliche Vorteile gegenüber dem Kauf des Objektes ergeben. Diese Einsparpotenziale entfallen jedoch für Privatpersonen. Im Privatsektor beschränkt sich das Leasing deshalb größtenteils auf die Fahrzeugfinanzierung mit möglicher Rückgabe des Fahrzeuges nach der Nutzungsdauer.

Beim Batterieleasing wird neben der Fremdfinanzierung ein Vorteil darin gesehen, dass das Eigentümerrisiko nicht mehr der Kunde trägt, sondern der Leasinggeber. In Abbildung 11 ist eine mögliche Umsetzung dieses Eigentumsmodells dargestellt. Tabelle 17 listet zusätzlich alle rechtlichen Konsequenzen auf. Die Konzeptentwicklung lehnt sich dabei an das bestehende Kfz-Leasing an und wird in bestimmten Bereichen an die technischen Besonderheiten der Technologie angepasst.

Wie in Abbildung 11 gezeigt, ist der Anbieter Eigentümer der Batterie und beschafft diese zu Beginn des Vertrages auf eigene Kosten. Er gewährt dem Kunden ein Nutzungsrecht an der Batterie und erhält im Gegenzug vertraglich fest vereinbarte Ratenzahlungen über die Vertragslaufzeit. Im Gegensatz zum Batteriekauf fallen hier keine Anschaffungskosten an. Zwar gibt es Leasingverträge bei denen zu Beginn des Vertrages Sonderzahlungen vereinbart werden, die der Anzahlung bei Kreditkäufen entsprechen und das Bonitätsrisiko sowie die Ratenzahlungen mindern sollen, jedoch würde dadurch der große Vorteil des Leasings - die Erhöhung des Kaufanreizes - vermindert werden. Deshalb wird von den Leasinggesellschaften häufig die Sonderzahlung nicht verlangt und wird auch in diesem Konzept nicht berücksichtigt (Rieß, 2005, S.71).

Abbildung 11: Schematische Darstellung des Batterieleasings

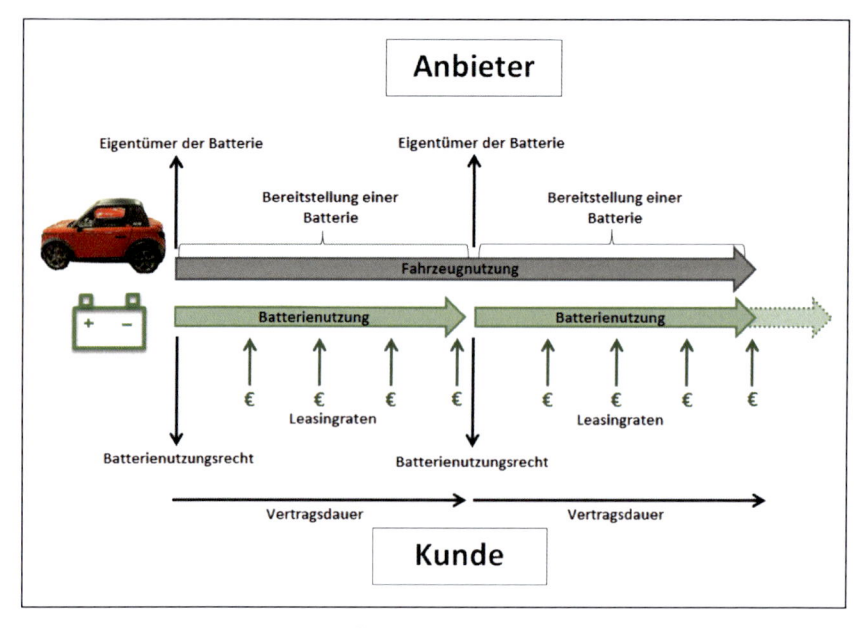

(Quelle: Eigene Darstellung)

Als Vertragsart wird das Finanzierungsleasing angenommen, da das Operate-Leasing dem Konzept der Batterievermietung entspricht. Die Vertragsdauer ist somit für einen bestimmten Zeitraum mit nur stark eingeschränktem Kündigungsrecht festgelegt. Dabei ist zu empfehlen, dass die Vertragsdauern auf Basis der zu erwartenden Jahresfahrleistung des Kunden und der Batterielebensdauern so kalkuliert werden, dass die Batterie zu Vertragsende ausgewechselt werden muss. Dies würde einem Vollamortisationsvertrag entsprechen. Auf diese Weise kann unnötiger Batteriewechselaufwand kurz vor Vertragsende vermieden werden und dass Restwertrisiko des Leasinggebers ist minimiert. Der Vertrag sollte deshalb als Kilometervertrag mit Bonus- bzw. Malus-Zahlungen bei Unter- oder Überschreitung der vereinbarten Fahrleistung gestaltet werden, wie es fast ausschließlich beim privaten Kfz-Leasing betrieben wird (Rieß, 2005, S.42).

Bei sehr geringen Fahrleistungen mit sehr langen Batterielebensdauern werden aber keine durchgehenden Verträge ohne Kündigungsfrist beim Kunden durchzusetzen sein. Hier ist denkbar, dass sogenannte Teilamortisationsverträge nach der Hälfte der zyklischen Lebensdauer auslaufen und neu verhandelt werden. Um dies umsetzen zu können, muss der Restwert der Batterien jedoch genügend kalkulierbar sein. Dies ist im Moment nur sehr schwierig einzuschätzen. Durch eine geeignete Risikokalkulation kann das Restwertrisiko gemindert und der Wiederverkaufswert erhöht werden. Es ist vor allem deshalb denkbar, dass der Leasinggeber die gebrauchte Batterie zu einem angemessen Betrag wiederverleasen kann, da er weiterhin das Eigentümerrisiko trägt und mögliche Ausfälle selber begleichen muss.

Wie in Tabelle 17 aufgezeigt, hat der Kunde neben den regelmäßigen Ratenzahlungen die Pflicht, die Batterien nach den Vorgaben des Anbieters bzw. Herstellers inspizieren und falls nötig warten zu lassen. Auch muss er belastende Betriebszustände, wie das vollständige Leerfahren der Batterie vermeiden, da er bei unverhältnismäßig hoher Abnutzung die Haftung übernehmen muss. Somit ist sogar denkbar, dass der Anbieter vom Kunden verlangen kann, die Batterie bei tiefen Temperaturen vor dem Start aufzuheizen oder das Auto an witterungsgeschützten Parkplätzen unterzustellen. Grundlage für solche Vertragskonditionen ist ein Batteriemanagementsystem, welches fähig ist, alle Betriebszustände inkl. der Temperaturen zu messen und über einen gewissen Zeitraum zu protokollieren. Solche Batteriemanagementsysteme sind heute bereits verfügbar und werden zum Beispiel im eCitypro der französischen Firma Mega verbaut (H. Heffels, persönl. Mitteilung vom 20.10.2009). Nach dem Ende der Nutzungsdauer muss der Kunde die Batterie an den Leasinggeber zurückgeben und dieser kann dann anhand des Protokolls auswerten, ob der Kunde die vertraglichen Bedingungen eingehalten hat und ggf. Ausgleichszahlungen verlangen.

Tabelle 17: Beschreibung des Eigentumsmodells "Batterieleasing"

Kriterien	Kunde	Anbieter
Batterieeigentümer	Anbieter	
Vertragsart	Finanzierungs-Leasingvertrag	
Vertragsdauer	fest (richtet sich nach Fahrprofil und Batterielebensdauer)	
Rechte	➢ alleiniges Nutzungsrecht ➢ stark eingeschränktes Kündigungsrecht ➢ funktionsfähige Batterie	➢ Besitzanspruch ➢ Festlegung von Auflagen für die Batterienutzung ➢ Nutzungsgebühr vom Kunden ➢ Evtl. Einsichtnahme Betriebsprotokolle
Verpflichtungen	➢ regelmäßige Ratenzahlung (evtl. kilometer-abhängig) ➢ Einhaltung bestimmter Wartungs- bzw. Inspektionsintervalle und Betriebszustände ➢ Haftung bei übermäßiger Abnutzung ➢ Batterierückgabe nach Vertragsende	➢ Finanzierung Batterie ➢ Bereitstellung Batterie ➢ Ersatz bei ausgefallenen Zellen oder vorzeitiger Alterung

technische Voraussetzungen	➢ Betriebszustandsprotokollierung im Batteriemanagementsystem
mögliche Anbieter	➢ Fahrzeughändler (Vermittler) ➢ Herstellerbanken ➢ Batteriehändler (Vermittler) ➢ Energieversorger (Vermittler) ➢ Unabhängige Leasingbanken
Weiterentwicklungsmöglichkeiten	➢ Strom- und Batterienutzung wird zusammen abgerechnet und vertrieben („Full-Service" Verträge) ➢ Fahrzeug- und Batterieleasing

(Quelle: eigene Darstellung, mit Angaben teilweise basierend auf Rieß, 2005, S.30-35)

Als Anbieter dieses Modells kommen ausschließlich Leasingbanken in Frage, da nur diese das nötige und teilweise sehr spezielle Leasing-Know-How haben. Darüber hinaus benötigen Leasinganbieter aufgrund der hohen Investitionssummen Refinanzierungsmöglichkeiten, die sich große Leasinggesellschaften meistens über feste Verträge mit Banken sichern (Rieß, 2005, S.61-64). Unterschieden wird in herstellerabhängige Leasingbanken, die mit dem Fahrzeughersteller wirtschaftlich verbunden sind und in erster Linie der Absatzförderung der eigenen Marken dienen sollen, und den herstellerunabhängigen Leasingfirmen, die als eigenständige Unternehmen markenunabhängige Dienstleistungen anbieten (Lützenkirchen, 2000, S.234f.). Derzeit findet im Kfz-Leasing an Privatkunden das herstellerabhängige Leasing die größte Verbreitung (Rieß, 2005, S.39). Weil jedoch die Batterietechnologie (noch) nicht zu den Kernkompetenzen der Autohersteller liegt, ein tiefes technisches Verständnis aber notwendig ist, kann es sein, dass sich in diesem Bereich auch herstellerunabhängige Unternehmen engagieren, um neue Märkte zu erschließen. Darüber hinaus ist denkbar, dass

Fahrzeughändler, Batteriehändler oder gar Energieversorger als Vermittler auftreten, denn nur selten unterhalten Leasingfirmen ein eigenes Vertriebsnetz mit direktem Endkundenkontakt.

Das Eigentumsmodell bietet mehrere Weiterentwicklungsmöglichkeiten, um die Akzeptanz beim Kunden zu erhöhen. So kann neben der Batterienutzung auch der Strom abgerechnet und beides zu einer Kilometerpauschale zusammengefasst werden. Dies würde einem Full-Service Vertrag beim Kfz-Leasing entsprechen, dem Kunden die Abrechnung vereinfachen und Energieversorgern einen Vertriebsweg mit Kundenbindung liefern. Auch ist es möglich, dass mit der Batterie das komplette Fahrzeug verleast wird. So würde der Kunde das Technologierisiko des kompletten elektrischen Antriebsstranges sowie das Restwertrisiko von Elektroautos auf den Anbieter abwälzen können und es wäre ihm möglich, die Investition gering zu halten und sich nicht langfristig an die neue Technologie binden zu müssen.

Kapitel 5.2.2 - Kostenberechnung

Die Kosten der Batterienutzung werden für den Kunden beim Leasing durch die vom Anbieter festgesetzte monatliche Rate bestimmt. Dem Leasinggeber entstehen grundsätzlich folgende Kosten, die er bei der Kalkulation der Rate beachten muss und die den Endkundenpreis beeinflussen (Diez, 2009, S.168):

- ➢ Anschaffungskosten für die Batterie abzgl. des kalkulierten Restwertes
- ➢ Finanzierungskosten
- ➢ Verwaltungskosten
- ➢ Gewinnspanne
- ➢ Risikoprämien für Reparaturen und Ersatz der Batterien
- ➢ Kosten für den Batteriewechsel

Die Berechnung des Preises für den Endkunden ist in Formel 3 nachvollzogen. Die Finanzierungs- und Verwaltungskosten sowie die Gewinnspanne werden in der Praxis vom Anbieter in einen Kalkulationszins zusammengefasst. Dieser Kalkulationszins wird auf den Anschaffungspreis der Batterie für eine erwartete Lebensdauer aufgeschlagen. Auf Basis des resultierenden Gesamtbetrages wird dann mit der Annuitätenrechnung eine monatliche Ratenzahlung ermittelt und eine Risikoprämie sowie die anteiligen Kosten für einen Batteriewechsel addiert und mit dem geltenden Steuersatz multipliziert (Rieß, 2005, S.105-108). Weitere in die Berechnung einfließende Faktoren sind die vereinbarte Kilometerleistung und die vereinbarte Vertragslaufzeit (Rieß, 2005, S.41-45).

Formel 3: Verwendete Formel zur Berechnung des Endkundenpreises für das Batterieleasing

$$P_{Gesamt,jährlich} = ((P_{Batterie} * (i_{Leasing}+1)^t * i_{Leasing}) / ((i_{Leasing}+1)^t - 1) + R_{Zellausfall} + R_{Lebensdauer} + P_{BW}) * (1 + i_{MwSt})$$

mit

$P_{Gesamt,\,jährlich}$ = *Endkundenpreis [in €/Jahr]*

$P_{Batterie}$ = *Großhändlerpreis der Batterie [in €]*

$i_{Leasing}$ = *Kalkulationszins des Leasinggebers inkl. Gewinn, Verwaltungs- und Finanzierungskosten sowie Mengenrabatte [-]*

t = *Erwartete Lebensdauer der Batterie [in Jahren]*

$R_{Zellausfall}$ = *kalkulierter Aufschlag für das Risiko des Zellausfalls [in €/Jahr]*

$R_{Lebensdauer}$ = *kalkulierter Aufschlag für das Risiko des vorzeitigen Batteriekapazitätsverlustes [in €/Jahr]*

P_{BW} = *Kosten für nötige Batteriewechselarbeiten [in €/Jahr]*

i_{MwSt} = *geltender Mehrwertsteuersatz [-]*

In dieser Arbeit wurde der Kalkulationszins anhand des Referenzfahrzeuges ermittelt. Dafür wurden Leasingverträge unter den in Tabelle 18 aufgeführten Annahmen angefordert. Es wurden die VW eigene Herstellerbank und die unabhängige ALD Lease Finanz GmbH angefragt. Die herstellerunabhängige Leasinggesellschaft wurde deshalb zusätzlich mit einbezogen, weil Herstellerbanken in der Regel keine Mengenrabatte mit in die Ratenberechnung einbeziehen, unabhängige Anbieter aber schon, was sich durch die unterschiedlichen Raten bestätigt (Rieß, 2005, S.75). Von den beiden Raten wurde der arithmetische Mittelwert für die weitere Berechnung verwendet. Als weitere Einflussgröße wurde der Restwert des Fahrzeuges nach 4 Jahren mit 5415€ berücksichtigt (Autokostencheck.de, 2010). Der letztendlich iterativ ermittelte, effektive Kalkulationszinssatz beträgt 6,02 %.

Tabelle 18: Zur Berechnung der Leasinggebühr verwendete Fahrzeugleasingraten und zugrundeliegende Annahmen

Konfiguration des Fahrzeugleasingvertrages	Wert
Fahrzeug	Referenzfahrzeug VW Polo V
Anzahlung	0 €
Vertragsart	Privat/Kilometervertrag
Laufzeit	48 Monate
Laufleistung	15.000 km/Jahr
Angebotene Raten	**Wert**
VW Bank (herstellerabhängig)	170 €/Monat inkl. MwSt.
ALD Lease Finanz GmbH (herstellerunabhängig)	151,31 €/Monat inkl. MwSt.
durchschnittliche Rate	160,655 €/Monat inkl. MwSt.
effektiver Kalkulationszins inkl. Händlermarge	**6,02 %**

(Quelle: Volkswagenbank, 2010; ALD Lease Finanz GmbH, 2010)

Weil der Zinssatz auf Basis des Listenpreises ermittelt wurde, beinhaltet er neben den Verwaltungs-, Finanzierungskosten und der Gewinnspanne des Anbieters, auch die Gewinnerwartungen des Fahrzeug- bzw. Batteriehändlers. Die oben erwähnte Risikoprämie, die für mögliche Reparaturen oder den Ausfall einzelner Zellen kalkuliert werden muss, berücksichtigt dieser Zinssatz jedoch nicht, da es sich in Tabelle 18 um ein reines Finanzierungsangebot handelte.

Die Risikoprämie wurde auf Basis der in Kapitel 0 angenommenen Ausfallraten und den in Abhängigkeit vom jeweiligen Fahrprofil erwarteten Batterielebensdauern separat errechnet. Die maximal erreichbare Lebensdauer wurde wegen kalendarischer Alterungsprozesse auf 10 Jahre begrenzt. Die Risikoprämien für den Ausfall einzelner Zellen wurden konservativ auf Basis des Zellpreises bei Vertragsbeginn geschätzt. Ein genaueres Ergebnis ließe sich erhalten, wenn der Mittelwert aller Zellpreise während der Batterielebensdauer zugrunde gelegt würde, da erwartet wird, dass der Zellpreis mit den Jahren sinkt und so bei Schadenseintritt der zu Beginn geltende Preis unterschritten werden würde.

Neben den Risikoprämien werden noch die Kosten für einen Batteriewechsel anteilig auf die Nutzungsdauer umgelegt. Die Anschaffungskosten der Batterie werden nur für die jeweilige Benutzungsdauer einberechnet, weil davon ausgegangen wird, dass die Batterie zum Restwert veräußert oder an andere Kunden weiterverleast werden kann. Zu erwähnen ist auch, dass in der Praxis deshalb vermutlich gestaffelte Preise und keine über die gesamte Batterielebensdauer einheitliche Rate vereinbart wird. Denn der Wertverlust der Batterie verläuft sehr wahrscheinlich nicht linear, sondern degressiv, schon allein weil die Batterie über die Lebensdauer Kapazitätsverlust erleidet. Und ein Kunde, der eine gebrauchte Batterie mit z.B. nur noch 90% verfügbarer Kapazität least, wird nicht bereit sein die gleiche Rate zu bezahlen, wie jemand, der eine neue Batterie erhält.

Die Ergebnisse und vollständigen Kosten für das Referenzfahrzeug werden im nächsten Kapitel besprochen. Weitere Risiken, die im Zusammenhang mit einem Leasinggeschäft auftreten, wie zum Beispiel Bonitätsausfälle eines Kunden, können im Rahmen dieser Arbeit nicht weiter berücksichtigt werden.

Kapitel 5.2.3 - Modellergebnisse und -bewertung

In diesem Unterkapitel werden die Ergebnisse der Modellberechnung für das Referenzfahrzeug dargestellt, die Vor- und Nachteile diskutiert und anhand eines Vergleichs mit dem Batteriekauf bewertet.

Berechnungsergebnisse

Die Gesamtkosten der Fahrzeugnutzung, die für einen Kunden anfallen würden, der seine Batterie nicht kauft sondern least, sind in Tabelle 19 als Barwerte für alle drei Fahrprofile aufgelistet. Im Vergleich mit den Gesamtkosten des Batteriekaufmodells ist erkennbar, dass die Kosten für das Batterieleasing rund 1.500€ höher liegen. Mit der Abnahme der Fahrleistung erhöht sich die Differenz sogar leicht bei sinkenden Batteriekosten. Dies bedeutet, dass die Kosten des Leasings anteilig stark zunehmen, wie auch weiter unten beschrieben wird. Für einen Vielfahrer machen die Mehrkosten ca. 8,9% der Batterienutzungskosten aus, für das Fahrprofil „Hausfrau/-mann" schon 16,5%. Deshalb werden die Mehrkosten als „höher" mit der Punktzahl 1 eingestuft.

Tabelle 19: Gesamtkosten der Fahrzeugnutzung für das Modell Batterieleasing im Vergleich zum Batteriekauf (Barwerte)

	Batteriekauf	Batterieleasing
Berufstätiger Vollzeit	58.158,34 €	59.676,64 €
Berufstätiger Teilzeit	43.140,92 €	44.707,48 €
Hausfrau/-mann	38.338,65 €	39.905,20 €

(Quelle: Eigene Berechnungen)

Die Zusammensetzung der Batteriekosten in Abbildung 12 zeigt auf, wie sich die Mehrkosten zusammensetzen. Der Großhandelspreis macht beim Leasen der Batterie für das Fahrprofil „Berufstätiger Vollzeit" nur noch 60% aus, die Kosten des Leasinganbieters, die dessen Aufwendungen für Verwaltung, Fremdfinanzierung und dessen Gewinnmarge berücksichtigen, betragen 22% des Gesamtpreises. Für die Hausfrau ist dieser Anteil sogar noch höher, die reinen Leasingkosten haben einen Anteil von 30%, der Großhandelspreis der Batterie nur noch rund 52%. Der Grund ist, dass die Lebensdauern der Batterien bei weniger Fahrleistungen höher sind, bei länger Laufzeit aber auch der Anteil der Leasinggebühren steigt, wie in Formel 3 erkennbar ist. Dies lässt bereits den Schluss zu, dass die Leasingkosten hauptsächlich für Vielfahrer geeignet sind.

Die Steuern schlagen wie in allen Modellen aufgrund des einheitlichen Steuersatzes von 19% auf den Gesamtpreis mit insgesamt 16% zu Buche. Interessant ist, dass der Risikoaufschlag trotz der konservativ geschätzten Ausfallraten nur 2% der Kosten ausmacht. Nimmt der Kunde somit das Leasingangebot vor allem wegen der Risikoabwälzung in Anspruch, zahlt er mindestens ein Viertel des Preises allein für die Aufwendungen des Leasinganbieters und einen minimalen Anteil für die eigentliche

Risikoabwälzung. Die Kosten für die Batteriewechselarbeiten sind vernachlässigbar gering.

Abbildung 12: Zusammensetzung der Batterienutzungskosten für das Leasingmodell (Nominalwerte)

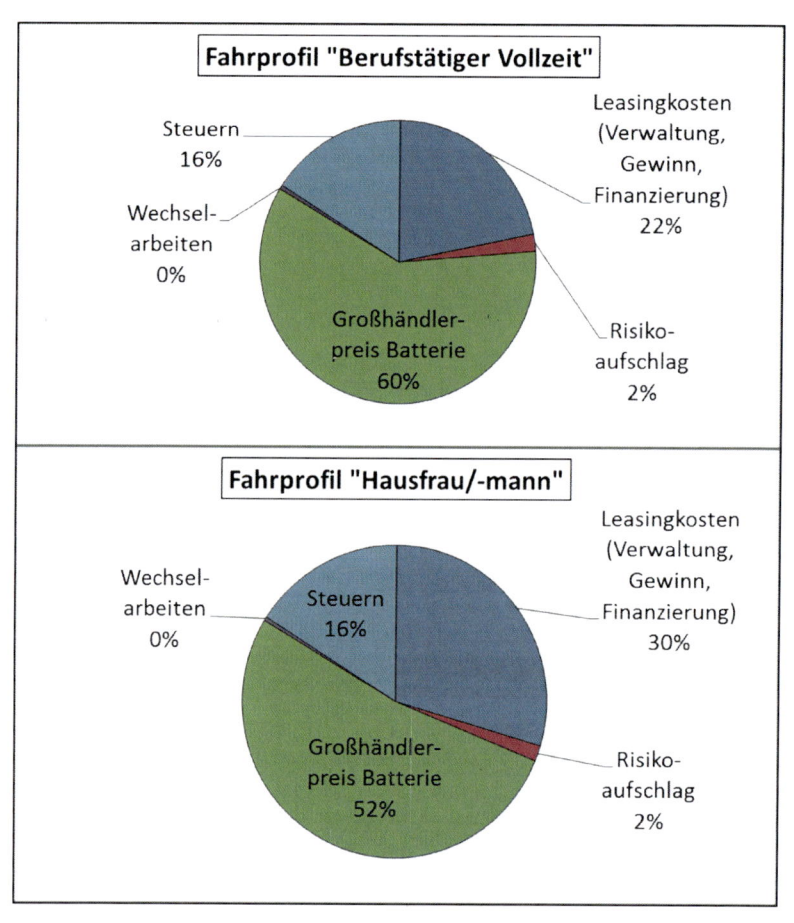

Fahrprofil "Berufstätiger Vollzeit"
- Steuern 16%
- Wechselarbeiten 0%
- Leasingkosten (Verwaltung, Gewinn, Finanzierung) 22%
- Großhändlerpreis Batterie 60%
- Risikoaufschlag 2%

Fahrprofil "Hausfrau/-mann"
- Wechselarbeiten 0%
- Steuern 16%
- Leasingkosten (Verwaltung, Gewinn, Finanzierung) 30%
- Großhändlerpreis Batterie 52%
- Risikoaufschlag 2%

(Quelle: eigene Darstellung)

Um beantworten zu können, wie hoch die Initialkosten des Batterieleasings sind und wie sich die Verteilung der Kosten über die Zeit gestaltet, sind die nominellen Kosten der Batterienutzung über die Fahrzeuglebensdauer in Abbildung 13 aufgetragen. Auch hier ist erkennbar, dass es Unterschiede zwischen den einzelnen Fahrprofilen gibt. Im Gegensatz zum Batteriekauf fallen beim Leasing keine Initialkosten an. Diese werden daher mit „viel niedriger" bewertet. Des Weiteren ist festzustellen, dass für den Vielfahrer aufgrund der schnellen Abnutzung der Batterie die Leasingraten für die erste Batterie beinahe genauso hoch sind wie die Finanzierungsraten beim Batteriekauf. Die Zahlungen sind vielmehr lediglich um ein Jahr zeitversetzt, denn wenn die Batterie abbezahlt wäre, zahlt der Leasingkunde weiter die hohe Rate. Für die letzte Batterie sind die Raten aufgrund der Anzahlung beim Batteriekauf sogar höher als die Finanzierungsraten. Insgesamt lassen sich für einen Vielfahrer aber nur geringe Veränderungen der Zahlungsströme feststellen, weil der Kunde in relativ kurzen Abständen neue Batterien benötigt. Die Leasingrate sinkt mit jeder neuen Batterie ein wenig, da unterstellt wird, dass der Zellpreis mit der Zeit abnimmt und somit das Finanzierungsvolumen geringer ist.

Abbildung 13: Jährliche Nutzungskosten des Batterieleasing im Vergleich zum Batteriekauf (Nominalwerte)

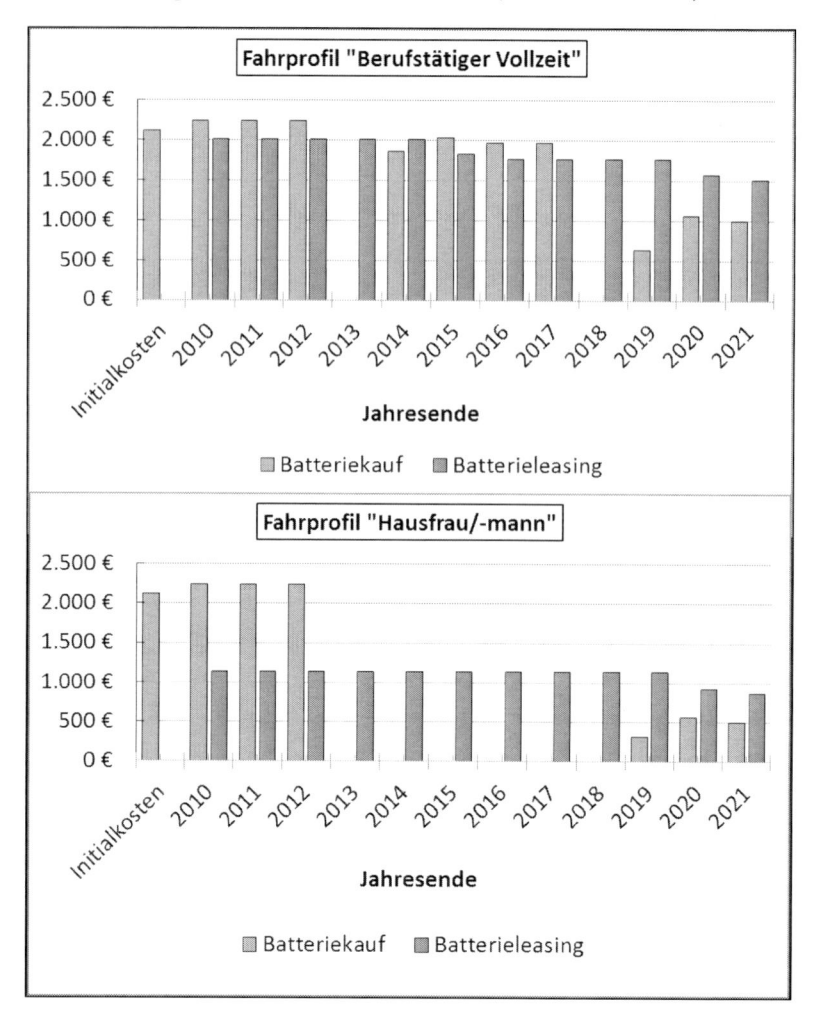

(Quelle: eigene Darstellung)

Abbildung 13 zeigt aber auch, dass für den Gelegenheitsfahrer des Fahrprofils „Hausfrau/-mann" die Zahlungsströme erheblich gleichmäßiger verlaufen als beim Batteriekauf. Für ihn macht sich die geringere Abnutzung der Batterie durch eine deutlich geringere Leasingrate bereits ab dem Kauf bemerkbar.

Weitere Modellvorteile

Aus Abbildung 13 lässt sich somit bereits ein Vorteil erkennen. Der Kunde hat aufgrund der festen Ratenzahlungen Planungssicherheit, unabhängig, ob die Batterie hält oder nicht. Durch Risikostreuung trägt er nicht mehr allein die Risiken der Haltbarkeit und des Restwertes, er begleicht diese durch Zahlung eines Risikoaufschlages. Das Risiko des technologischen Fortschritts trägt er jedoch weiterhin aufgrund der langen Vertragslaufzeiten. Dies bedeutet, dass falls in kurzer Zeit erhebliche Verbesserungen der Batterietechnologie, z.B. durch eine höhere Energiedichte, erreicht werden, ist er dennoch an seine Batterie bis zum Ende der Vertragslaufzeit gebunden. Die getragenen Risiken werden deshalb in der Bewertungsskala mit „niedriger" eingestuft. Darüber hinaus muss der Kunde die Lebensdauer und den Restwert der Batterie nicht mehr vor dem Erwerb selber schätzen. Dies macht der Leasinggeber im Rahmen seiner Ratenfestsetzung. Dieser kann durch die Häufigkeit der Schätzungen und eine Auswertung der Schadensfälle sowie des Preises den er für gebrauchte Batterien erzielt, schnell und effektiv darin Kompetenzen aufbauen. Darüber hinaus ist anzumerken, dass das Leasingmodell bereits aus dem Fahrzeugvertrieb bekannt ist und somit Kunden und Anbieter sich schnell mit diesem Konzept vertraut machen könnten.

Weitere Modellnachteile

Nachteilig ist, dass die Verträge in der Regel lange Laufzeiten von mehr als zwei Jahren enthalten, da sich in dieser Zeit die Batterie bzw. der Wertverlust amortisieren sollte. Ein ordentliches

Kündigungsrecht ist meist nicht vorgesehen und nur unter Strafzahlungen möglich (Rieß, 2005, S.42). Die vertragliche Bindung wird daher als „viel höher" im Vergleich zum Batteriekauf eingestuft. Weiterhin ist der Kunde bei der Wahl des Fahrzeuges bzw. der Batterie eingeschränkt. Er kann nur Modelle auswählen, die vom Anbieter zugelassen oder selber angeboten werden. Es ist möglich, dass sich die Leasinganbieter ähnlich wie im Automobilvertrieb durch Herstellerkooperationen auf bestimmte Marken konzentrieren. Deshalb wird die Einschränkung der Fahrzeugwahl mit „höher" bewertet. Zu erwähnen ist auch, dass die Batterienutzung gewissen Auflagen des Anbieters unterliegt, wie zu Beginn dieses Kapitels beschrieben. So kann es vorkommen, dass die Reichweite aufgrund einer festgelegten maximalen Entladetiefe weiter eingeschränkt ist.

Kapitel 5.2.4 - Zusammenfassende Übersicht

Die Bewertungen aus dem vorherigen Kapitel sind mit allen Vor- und Nachteilen in Tabelle 20 zusammenfassend dargestellt.

Tabelle 20: Übersicht der Vor- und Nachteile des Batterieleasings aus Kundensicht

Eigenschaft	Modellergebnisse	Bewertung
Initialkosten (Anzahlungen, etc.)	➢ keine	-2
Mehrkosten im Vergleich zum Kaufmodell	➢ 8,8 -16,5% (Batterienutzung) ➢ 2,5-4,1% (insgesamt)	+1
getragene Risiken	➢ (Risiko des technologischen Fortschritts)	-1
Vertragliche Bindung	➢ gesamte Batterienutzungsdauer ➢ langfristige Verträge (>2 Jahre) ➢ stark eingeschränktes Kündigungsrecht	+2
Einschränkung der Fahrzeugwahl	➢ nur vom Leasinggeber akzeptierte bzw. angebotene Fahrzeuge und Batterien	+1
Weitere Vorteile	➢ Planungssicherheit durch feste Ratenzahlungen ➢ Kunde muss Batterielebensdauer und Restwert nicht schätzen ➢ bekanntes Geschäftsmodell aus dem Fahrzeugvertrieb ➢ Anbieter kann nach Nutzungsende Batterie verwenden	
Weitere Nachteile	➢ einschränkende Auflagen zur Batterienutzung	

(Quelle: Eigene Darstellung)

Kapitel 5.3 - Batterieversicherung

Eine weitere in der Praxis angewendete Methode der Risikoabwälzung auf einen Dienstleister ist die Versicherung. Diese Form der kollektiven Absicherung gegen bestimmte Risiken hat sich in den letzten Jahrzehnten auf beinahe alle Wirtschafts- und Lebensbereiche ausgedehnt. So existieren heute Versicherungen für die unterschiedlichsten Güter, Werte und Dienstleistungen. Aus diesem Grund ist es naheliegend, dieses Konzept auch für den Einsatz von Batterien in Elektrofahrzeugen zu untersuchen. Das Kapitel beginnt mit der Entwicklung eines möglichen Versicherungsmodells und zeigt die resultierenden Rechte und Pflichten von Anbieter und Kunde auf. In einem zweiten Schritt werden die für die Kostenberechnung verwendeten Annahmen und die Vorgehensweise bei der Berechnung nachvollzogen. Anschließend wird das Konzept im Vergleich zum Basismodell „Batteriekauf" anhand seiner Kostenstruktur und anderer Eigenschaften bewertet. Im letzten Abschnitt werden die Vor- und Nachteile zusammen mit den Ergebnissen der Bewertung in Kurzform tabellarisch aufgelistet.

Kapitel 5.3.1 - Konzeptvorstellung

Die größten finanziellen Risiken beim Kauf einer Batterie bergen der Ausfall einzelner Zellen und eine Lebensdauerverkürzung der gesamten Batterie durch einen vorzeitigen Kapazitätsverlust. Deshalb sollte eine Batterieversicherung diese beiden Schadensfälle abdecken und zwei Funktionen erfüllen: Bei Ausfall einzelner Zellen erstattet der Versicherer die aufzubringende Summe für neue Zellen, bei vorzeitigem Lebensdauerende der Batterie erstattet er den vorher vereinbarten Restwert, den der Batterieblock noch haben würde. Die grundsätzliche Funktionsweise dieses Konzepts ist in Abbildung 14 dargestellt. Der Kunde erwirbt weiterhin die Batterie beim Händler und versichert sich zusätzlich bei einem spezialisierten Unternehmen gegen die Ausfallrisiken.

Dafür erhält er für eine vereinbarte Vertragsdauer den Versicherungsschutz der ihm im Schadensfall finanziellen Ausgleich gewährt.

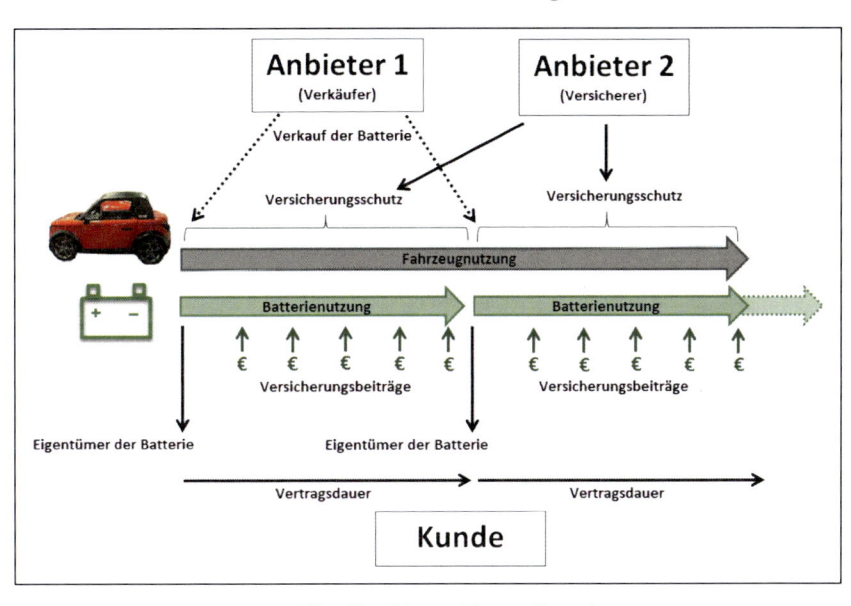

Abbildung 14: Schematische Darstellung der Batterieversicherung

(Quelle: Eigene Darstellung)

Die genaue Funktionsweise dieses Modells ist anhand einer Rechte- und Pflichtenübersicht in Tabelle 21 aufgeführt. Wie bereits erwähnt, bleibt der Kunde weiterhin Eigentümer der Batterie. Dies kann sich am Ende der geplanten Batterielaufzeit als günstig erweisen, denn falls die Batterie noch funktionstüchtig ist, kann er diese weiterhin verwenden, den Kauf einer Ersatzbatterie hinauszögern und so Kosten sparen. Die Vertragsdauer ist bei ausreichend verfügbaren Informationen über den Zustand der Batterie flexibel anpassbar. Es ist aber ratsam den Vertrag maximal über die geplante Batterielebensdauer bei gegebenem Fahrprofil zu schließen. Nach der ersten Batterie sollten die Beitrags- und auch Schadenssätze neu festgesetzt werden, denn es ist zu erwarten, dass der Batteriepreis mit der Zeit sinkt und eventuell durch technologische Weiterentwicklungen auch die Ausfallraten. Dies würde günstigere Beitragssätze zur Folge haben.

Tabelle 21: Beschreibung des Eigentumsmodells "Batterieversicherung"

Kriterien	Kunde	Anbieter
Batterieeigentümer	Kunde	
Vertragsart	Versicherungsvertrag	
Vertragsdauer	variabel	
Rechte	➢ alleiniges Nutzungsrecht ➢ Besitzanspruch ➢ jederzeitiges Kündigungsrecht ➢ Recht auf Erstattung bei vorzeitigem Ausfall	➢ Festlegung von Auflagen für die Batterienutzung ➢ Versicherungsprämie vom Kunden ➢ Evtl. Einsichtnahme der Betriebsprotokolle
Verpflichtungen	➢ regelmäßige Prämienzahlung ➢ Einhaltung bestimmter Wartungs- bzw. Inspektionsintervalle und Betriebszustände ➢ Haftung bei übermäßiger Abnutzung ➢ Selbstbeteiligung bei Schadensfall	➢ Ersatz bei Batterieausfall

technische Voraussetzungen	➢ Betriebszustandsprotokollierung im Batteriemanagementsystem
mögliche Anbieter	➢ Fahrzeughändler (Vermittler) ➢ Herstellerbanken ➢ Batteriehändler (Vermittler) ➢ Energieversorger (Vermittler) ➢ unabhängige Versicherer
Weiterentwicklungsmöglichkeiten	➢ Vertrieb von Komplettpaketen mit Versicherung, heimischer Ladestation und Energieversorgungsverträgen ➢ Integration in Kfz-Versicherungen (Teilkasko/Vollkasko)

(Quelle: eigene Darstellung, mit Angaben teilweise basierend auf Rieß, 2005, S.30-35)

Da der Kunde der Batterieeigentümer ist, hat er alleiniges Nutzungsrecht und vollen Besitzanspruch. Wie bei normalen Kfz-Versicherungen auch, wird er ein Kündigungsrecht innerhalb einer Kündigungsfrist haben. Der Anspruch, der sich für ihn aus der Versicherung ergibt, ist die finanzielle Erstattung von Schäden an der Batterie, die er nicht zu verantworten hat. Um diesen Anspruch aufrecht zu erhalten, muss er jedoch neben der regelmäßigen Prämienzahlung auch bestimmte Betriebszustände und Inspektionsintervalle einhalten, die die Versicherung vorgeben kann. Ansonsten würde bei unverhältnismäßig hoher Abnutzung der Kunde haften. Im Schadensfall muss er darüber hinaus - wie bei Schadensversicherungen üblich - einen gewissen Anteil, die sogenannte Selbstbeteiligung, aus eigener Tasche finanzieren. Der Versicherungsanbieter hat das Recht, dass ihm bei Schadenseintritt die Betriebsprotokolle zur Auswertung offen gelegt werden, um die Einhaltung der Auflagen und ein Verschulden des Kunden ausschließen zu können. Diese Möglichkeit ist auch von essentieller Bedeutung, wenn der Kunde eine bereits gebrauchte Batterie versichern lassen möchte, denn nur auf diesem Wege kann der Versicherer diese zuverlässig bewerten. Ein detailliertes Protokollsystem im Batteriemanagementsystem mit hinreichend großer Speicherkapazität ist aus diesem Grund eine technische Voraussetzung für eine breite Anwendung des Modells.

Als Anbieter kommen neben den Fahrzeugherstellerbanken auch unabhängige Versicherer in Frage, die ihr Engagement in der Automobilwirtschaft ausweiten wollen. Als Vermittler sind wieder alle Akteure mit Kundenkontakt denkbar: vom Fahrzeughändler, über den Batteriehändler bis zum Energieversorger. Energieversorger könnten diese Versicherungsangebote auch in ihre Komplett-Vertriebspakete mitaufnehmen, die neben der Batterie und der Versicherung dann auch eine heimische Ladestation und einen Energieversorgungsvertrag beinhalten. Weiterhin ist denkbar, dass bei genügend Erfahrung, die Batterieausfallrisiken von den konventionellen Teil- und Vollkaskoversicherungen abgedeckt werden bzw. es vielleicht eine Extrabeitragsstufe gibt. Dies bietet sich vor allem an, weil Kfz-Versicherungen für Elektrofahrzeuge derzeit deutlich unter den Sätzen für verbrennungsmotorische Fahrzeuge liegen.

Insgesamt ist zu sagen, dass eine Batterieversicherung die Planungsgrundlage des Kunden deutlich verbessert. Er kann davon ausgehen, dass die vereinbarten Lebensdauern erreicht bzw. finanziell beglichen werden. Auch steigert die Verfügbarkeit einer solchen Versicherung auf dem Markt den Wiederverkaufswert gebrauchter Batterien.

Kapitel 5.3.2 - Kostenberechnung

Die grundsätzliche Funktionsweise einer Versicherung ist die Übertragung des Risikos eines Einzelnen auf ein Kollektiv. Der Versicherer schätzt dabei das Risiko auf der Basis von Vergangenheitswerten ein. Solide, statistisch auswertbare Daten sind daher essentiell für die Kalkulation von Risiken (Zweifel und Eisen, 2002, S.230-245). Für Lithium-Ionen Batterien, welche im täglichen Einsatz in Elektrofahrzeugen sind, gibt es hingegen noch nicht genügend Erfahrungswerte. Für die Berechnung der Versicherungsprämie werden in dieser Arbeit daher die theoretisch angenommenen durchschnittlichen Ausfallraten aus Kapitel 3.3.5 verwendet.

Für die Ermittlung der Versicherungsprämie wurde eine sehr vereinfachte Berechnung gewählt und folgende Formel entwickelt:

Formel 4: Berechnung der Prämie einer Batterieausfallversicherung

$$VP_{jährlich} = (((S * W_S) - SB) / t_{Batterie}) * (1 + i_{Versicherung}) * (1 + i_{VSt})$$

mit

$VP_{jährlich}$	= *jährliche Versicherungsprämie [in €]*
S	= *Höhe des versicherten Schadens [in €]*
W_S	= *Wahrscheinlichkeit des eintretenden Schadens [-]*
SB	= *Selbstbeteiligung [in €]*
$i_{Versicherung}$	= *Versicherungsaufschlag (Aufwand für Verwaltung, Fremdfinanzierung und Gewinn) [-]*
i_{VSt}	= *Versicherungssteuer [-]*
$t_{Batterie}$	= *erwartete Batterielebensdauer [in Jahren]*

Die Höhe des versicherten Schadens wird ermittelt, indem erstens der relevante Zellenpreis im Anfangsjahr für den möglichen Ausfall einzelner Zellen benutzt und zweitens, indem der Anschaffungswert der Batterie linear über die zu erwartende Lebensdauer bei gegebenem Fahrprofil abgeschrieben wird. Die im

Schadensfall auftretenden Kosten werden mit der angenommenen Wahrscheinlichkeit multipliziert, um den grundsätzlichen Deckungsbeitrag des Kunden zu erhalten. Von diesem Betrag wird die von ihm zu zahlende Selbstbeteiligung abgezogen und dann die Selbstkosten der Versicherung inkl. Gewinnmarge und Versicherungssteuer, die direkt vom Versicherer abgeführt wird, aufgeschlagen. Diese Gesamtkosten werden dann in Form einer jährlichen Prämie auf die erwartete Lebensdauer der Batterie umgelegt. Anzumerken ist, dass diese Prämie in der Praxis vermutlich degressiv verlaufen müsste, weil der Wertverlust der Batterie aufgrund der technischen Entwicklung in den ersten Jahren auch am Größten sein wird. Über die erwartete Batterielebensdauer ist die Höhe der jährlichen Versicherungsprämie auch an die Fahrleistung gekoppelt. Alle spezifisch für die Batterieversicherung verwendeten Werte finden sich in Tabelle 22.

Tabelle 22: Einflussfaktoren der Versicherungsprämie und verwendete Annahmen

Einflussfaktor	Wert
Versicherungssteuer	19 %
Versicherungsaufschlag (inkl. Verwaltung, Finanzierung, Gewinn)	104,17 %
Selbstbeteiligung bei Schadensfall	150 €

(Quelle: Angaben basierend auf Gesamtverband der Deutschen Versicherungswirtschaft [GDV], S.18, S.65)

Der aktuell geltende Versicherungssteuersatz im Kfz-Gewerbe beträgt 19% (GDV, 2009, S.18). Der Selbstkostenanteil, den Versicherungen aufbringen müssen, um ihre Verwaltungs- und Fremdfinanzierungskosten sowie Gewinnerwartungen decken zu können, wurde über die sogenannte Schaden-Kosten-Quote errechnet. Die Schaden-Kosten-Quote gibt das Verhältnis von eingenommenen Bruttobeiträgen zu aufgewandten Schadensausgleichszahlungen für das jeweilige Jahr an (GDV, 2009, S.65). In dieser Studie wurde der aktuelle Branchendurchschnitt für Schadens- und Unfallversicherungen im Kraftfahrgewerbe verwendet. Im Jahre 2008 betrug die Schadenquote dort laut des Gesamtverbandes der deutschen Versicherungswirtschaft 96% (GDV, 2009, S.65). Vermittlungsprovisionen für Makler sind in der Schadenkostenquote jedoch nicht erhalten und werden in der Berechnung nicht weiter berücksichtigt. Die Selbstbeteiligung wurde auf die üblichen 150€ festgesetzt.

Kapitel 5.3.3 - Modellergebnisse und -bewertung

Die Ergebnisse der Modellberechnungen werden im Folgenden dargestellt und ausgewertet. Weiterhin werden die Vor- und Nachteile des Versicherungsmodells herausgearbeitet.

Berechnungsergebnisse

Die Gegenüberstellung der Total-Cost-of-Ownership sind für das Modell der Batterieversicherung im Vergleich zum Batteriekauf in Tabelle 23 dargestellt. Es wird deutlich, dass die Versicherungsprämien anteilig nur sehr gering sind und zu Mehrkosten von rund 600€ für den Vielfahrer und 300€ für den Hausmann bedeuten. Dies sind umgelegt auf die Fahrzeugnutzungsdauer von 12 Jahren lediglich 50€ bzw. 25 € pro Jahr. Gemessen an den Batterienutzungskosten des Batteriekaufmodells macht dies einen Mehraufwand von 3,5%-3,4% aus. Die Mehrkosten werden deshalb mit „höher" und somit der Punktzahl +1 auf der Vergleichsskala bewertet.

Tabelle 23: Gesamtkosten der Fahrzeugnutzung für das Modell „Batterieversicherung" im Vergleich zum Batteriekauf (Barwerte)

	Batteriekauf	Batterieversicherung
Berufstätiger Vollzeit	58.158,34 €	58.743,81 €
Berufstätiger Teilzeit	43.140,92 €	43.459,00 €
Hausfrau/-mann	38.338,65 €	38.656,73 €

(Quelle: Eigene Berechnungen)

Dass die Mehrkosten sich mit bei den verschiedenen Fahrprofilen anteilig kaum ändern, zeigt, dass die Versicherungsprämien nur geringfügig von der Fahrleistung abhängig sind. Die Aufteilung der Batterienutzungskosten in Abbildung 15 gilt daher annähernd für alle drei Fahrprofile. Die Veränderungen bewegen sich im 1-stelligen Prozentbereich nach dem Komma. Aus der Abbildung ist erkennbar, dass die Anteile der Finanzierungskosten, der Händlermarge, der Wechselarbeiten und der Steuern im Vergleich zum Batteriekauf annähernd gleich sind. Lediglich der Großhändlerpreis der Batterie hat aufgrund seines hohen Anteils zu Gunsten der Versicherungsprämie leicht um 3% abgenommen.

Abbildung 15: Zusammensetzung der nominellen Batterienutzungskosten des Kunden für das Versicherungsmodell

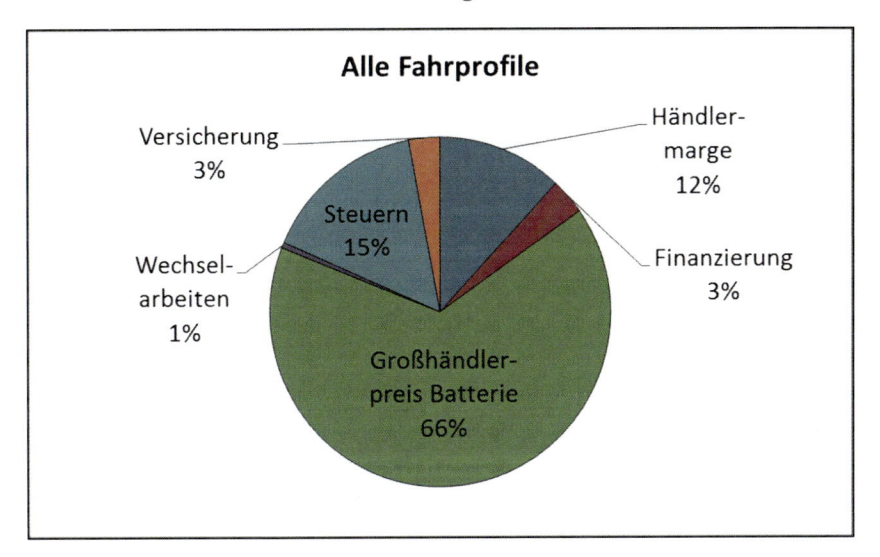

Alle Fahrprofile

- Versicherung 3%
- Wechselarbeiten 1%
- Steuern 15%
- Großhändlerpreis Batterie 66%
- Händlermarge 12%
- Finanzierung 3%

(Quelle: Eigene Berechnungen)

Es ist zu sehen, dass die Versicherungsprämie genauso wie beim Leasingmodell nur sehr niedrig ist. Dennoch liegen die Versicherungskosten deutlich über den Prämien beim Leasingmodell, da sich hier die Schätzung der Kosten auf den Preis und die Lebensdauer der Batterie bei Vertragsbeginn bezieht. Das Leasingmodell verwendet die zukünftig erwarteten Batteriepreise und die Lebensdauer bei Schadenseintritt, weshalb die Prämien dort zwar geringer, die Risiken für den Anbieter aber auch höher sind. Die Berechnung der Versicherungssummen ist somit als sehr konservativ anzusehen.

Interessant ist, dass die Prämie der Batterieversicherung selbst beim Vielfahrer mit rund 50€ addiert auf den Satz der KFZ-Versicherung von 621€ immer noch unter der KFZ-Versicherung des verbrennungsmotorischen Antriebes mit 732€ liegt. Würde der Versicherungsanbieter somit eine Versicherung für das Fahrzeug anbieten, die das Risiko der Batterie gleich mitdeckt, wäre der Kaufanreiz für den Kunden vermutlich deutlich höher.

Ein Blick auf die Zahlungsströme in Abbildung 16 zeigt, dass es hier kaum Veränderungen zum Batteriekauf gibt. Der Kunde muss weiterhin die hohe Anzahlung leisten und die Batterie selber finanzieren. Zusätzlich fallen die Versicherungsbeiträge an, die kontinuierlich bezahlt werden müssen. Weil die Initialkosten identisch mit dem Batteriekaufmodell sind, werden sie mit „durchschnittlich" bewertet.

Abbildung 16: Jährliche Batterienutzungskosten der Batterieversicherung im Vergleich zum Batteriekauf (Nominalwerte)

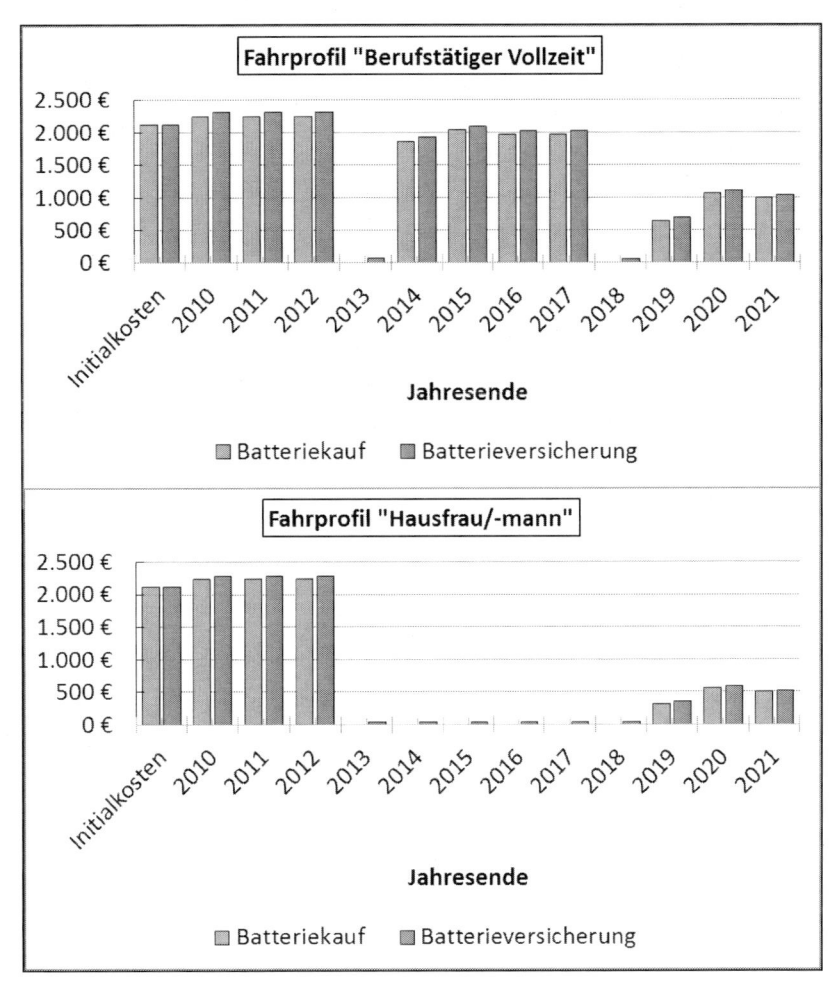

(Quelle: Eigene Berechnungen)

Weitere Modellvorteile

Der zentrale Vorteil dieses Geschäftsmodells ist, dass der Kunde wie beim Leasingkonzept, das Haltbarkeits- und Restwertrisiko auf den Anbieter abwälzen kann. Er haftet lediglich im Rahmen einer festen Selbstbeteiligung und muss seine Prämien regelmäßig bezahlen. Er trägt aufgrund der finanziellen Bindung an die Batterie das Risiko des technologischen Fortschritts selber. Die getragenen Risiken werden daher als „niedriger" mit der Punktzahl -1 bewertet. Weiterhin ist die vertragliche Bindung genauso wie beim Batteriekauf relativ gering. Die Laufzeit kann in der Regel flexibel gestaltet werden und auch mehrere Jahre umfassen, aber im Rahmen bestimmter Kündigungsfristen hat der Kunde jederzeit ein ordentliches Kündigungsrecht. Die vertragliche Bindung wird auf der Skala ähnlich gering wie beim Batteriekauf mit „durchschnittlich" eingestuft. Vorteilhaft ist zusätzlich, dass dem Kunden im Gegensatz zum Leasing die Batterie gehört und er diese, sollte sie wider Erwarten länger halten als vorher geplant, auch weiter benutzen und so Kosten sparen kann. Hinzu kommt, dass sowohl potenzielle Anbieter als auch der Kunde mit dem Abschluss und der Abwicklung von Versicherungsverträgen bereits aus dem Fahrzeugbereich vertraut sind.

Weitere Modellnachteile

Zentraler Nachteil ist, dass der Kunde die Batterie weiterhin selber finanzieren muss und somit langfristig finanziell an die Batterie gebunden ist mit den gleichen Nachteilen wie beim Batteriekauf. Jedoch hat er zusätzlich auch bestimmte Auflagen bei der Benutzung der Batterie einzuhalten, damit der Versicherungsschutz greift. Darüber hinaus ist es sehr wahrscheinlich, dass besonders zu Beginn der Marktentwicklung die Fahrzeugwahl stark vom Versicherungsanbieter eingeschränkt ist, da er nur

Produkte versichern wird, deren Restwert und Ausfallrisiko er verlässlich einschätzen kann.

Kapitel 5.3.4 - Zusammenfassende Übersicht

Alle in diesem Kapitel herausgearbeiteten Vor- und Nachteile des Modells sowie die vorgenommenen Bewertungen sind in Tabelle 24 noch einmal zusammenfassend in Kurzform dargestellt.

Tabelle 24: Übersicht der Vor- und Nachteile des Batterieleasings aus Kundensicht

Eigenschaft	Modellergebnisse	Bewertung
Initialkosten (Anzahlungen, etc.)	➢ identisch mit dem Batteriekauf	0
Mehrkosten im Vergleich zum Kaufmodell	➢ 3,4-3,5% (Batterienutzung) ➢ 1-0,8%	+1
getragene Risiken	➢ (Risiko des technologischen Fortschritts)	-1
Vertragliche Bindung	➢ flexible Laufzeiten ➢ jederzeitiges Kündigungsrecht unter Einhaltung bestimmter Fristen	0
Einschränkung der Fahrzeugwahl	➢ Nur von der Versicherung akzeptierte Fahrzeuge und Batterien	+1
Weitere Vorteile	➢ Weiterbenutzung durch den Kunden nach Vertragsende möglich ➢ bekanntes Geschäftsmodell aus dem Fahrzeugvertrieb	
Weitere Nachteile	➢ einschränkende Auflagen zur Batterienutzung ➢ langfristige, finanzielle Bindung an die Batterie ➢ Eventuell Neubeschaffung notwendig während Kreditlaufzeit	

Kapitel 5.4 - Batterievermietung

Die Batterievermietung stellt einen möglichen Ansatz dar anstatt langfristiger Nutzungsverträge die Bindung des Kunden an eine bestimmte Batterie zu minimieren und ihm flexible Vertragsdauern mit jederzeitigem Kündigungsrecht anzubieten. Die Vermietung lehnt sich dabei an das Leasingkonzept an und wird teilweise dem Operating-Leasing als eine Sonderform des Leasing zugeschrieben (Rieß, 2005, S.30-35). In diesem Kapitel wird ein mögliches Vermietungsmodell entwickelt und vorgestellt, welches ohne große technische Innovationen umsetzbar ist. Der erste Abschnitt befasst sich mit der Vertragsstruktur eines solchen Konzeptes und erklärt die Funktionsweise. In einem zweiten Schritt wird das erarbeitete ökonomische Modell anhand der verwendeten Annahmen und Faktoren erklärt. Der dritte Teil dieses Kapitels beinhaltet eine Bewertung des Modells mit den wesentlichen Vor- und Nachteilen und Berechnungsergebnissen. Das Kapitel schließt mit einer Darstellung möglicher Probleme und noch zu klärenden Fragen für die Umsetzung des Konzeptes in die Praxis.

Kapitel 5.4.1 - Konzeptvorstellung

Die Batterievermietung bietet dem Kunden die Möglichkeit, über eine Batterie für einen Nutzungszeitraum verfügen zu können, der deutlich kürzer als die Lebensdauer der Batterie ist und von ihm nach seinen Bedürfnissen flexibel gestaltet werden kann. Ein mögliches Einsatzgebiet ist die Überbrückung von kurzen Zeiträumen, für die ein vollständiger Erwerb einer Batterie wirtschaftlich nicht sinnvoll ist. So liegt die durchschnittliche Fahrzeughaltedauer heutzutage bereits bei 12 Jahren, Batterien werden derzeit und mittelfristig aber aufgrund der kalendarischen Alterung selbst bei niedrigen Fahrleistungen maximale Lebensdauern von 10 Jahren prophezeit (DAT-Report, 2010, S.32; Kalhammer et al., 2007, S.29). So würden sich zum Lebensdauerende der Batterien Konstellationen ergeben, bei denen das Fahrzeug nur noch für einen sehr begrenzten Zeitraum genutzt werden kann, eine neue Batterie aber für den Fahrbetrieb nötig ist. Ein weiterer Ansatzpunkt ist die Erhöhung der Kundenakzeptanz durch Minimierung des Risikos des technologischen Fortschritts für den Kunden. In den nächsten Jahren sind bei einer breiten Einführung von Elektroautos eine Reihe von Innovationen und qualitativer Verbesserungen in der Fertigung von Lithium-Ionen Zellen zu erwarten, was ein Blick auf die Entwicklungen im Handy-Batteriebereich zeigt (Lunz, 2010, S.16). Somit könnte der Kunde seine Kaufentscheidung in die Zukunft vertagen, um finanzielle Mittel für den Erwerb verbesserter Zellen vorzuhalten. Im Modell der Batterievermietung würden spezialisierte Anbieter dieses Risiko übernehmen. In Abbildung 17 ist die Funktionsweise eines möglichen Konzeptes dargestellt.

Abbildung 17: Schematische Darstellung der Batterievermietung

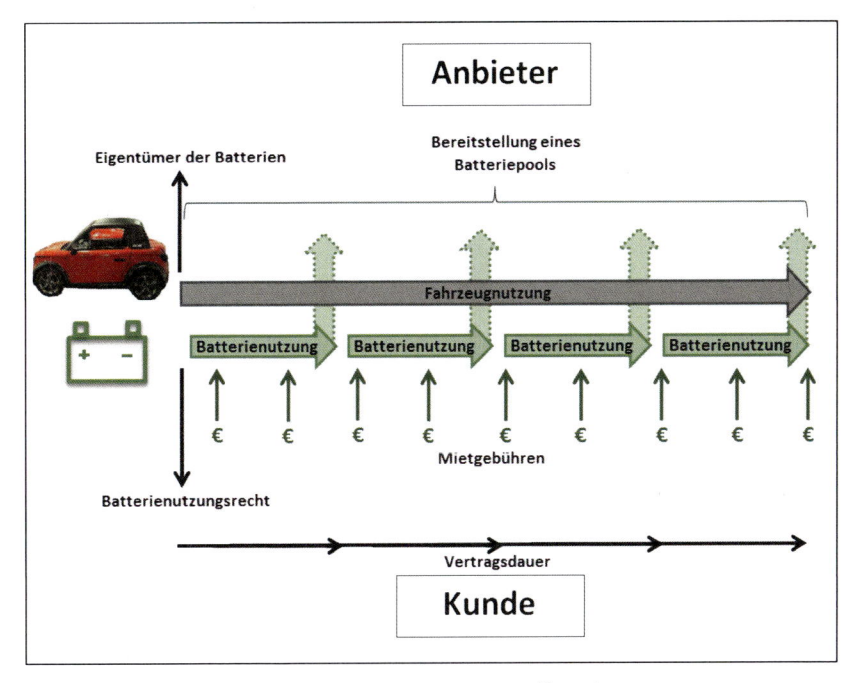

(Quelle: Eigene Darstellung)

Ein spezialisierter Dienstleistungsanbieter unterhält einen Pool an Batterien, den er Kunden gegen eine Mietgebühr zur Verfügung stellt. Die Nutzungsdauer der Batterien unterschreitet dabei, wie bereits erwähnt, die Lebensdauer der Batterien deutlich. Dadurch erhöht sich die Anzahl der Batteriewechsel im Gegensatz zu den anderen vorherigen Modellen. Dennoch ist zu betonen, dass im Basismodell sehr wahrscheinlich nicht von sehr kurzfristigen Mietdauern auszugehen ist, wie es zum Beispiel bei der Kfz-Vermietung der Fall ist. Vielmehr ist von mittelfristigen Zeiträumen zwischen 1-2 Jahren auszugehen. Eine Weiterentwicklung stellt das im nächsten Kapitel vorgestellte Konzept dar, bei dem der Vermieter zusammen mit

Franchisepartnern ein Netz aus Wechselstationen bereitstellt, die automatisiert jederzeit einen Batteriewechsel durchführen können. Solch ein System hätte auch zum Ziel zusätzlich den Aktionsradius des Fahrzeuges zu vergrößern und würde deshalb höhere Wechselfrequenzen nach sich ziehen.

Wie in Tabelle 25 aufgelistet, sind für die Durchführung dieser Dienstleistung gewisse Rahmenbedingungen denkbar. So ist der Anbieter der Eigentümer der Batterie und schließt aufgrund der Möglichkeit jederzeitiger Kündigung einen Mietvertrag oder auch Operating-Leasingvertrag ab. Die Vertragsdauer ist hierbei, im Vergleich zu den anderen Modellen sehr flexibel und kann selbst ohne feste Vertragslaufzeiten mit automatischer Verlängerung gestaltet sein. Der Kunde kann innerhalb bestimmter Fristen jederzeit kündigen und zum Beispiel in ein anderes Eigentumsmodell wechseln. Neben der regelmäßig fälligen Mietgebühr ist denkbar, dass der Kunde zu Beginn des Vertrages eine Kaution für die Nutzung der Batterie hinterlegt.

Darüber hinaus ist denkbar, dass, ähnlich wie es auch Kfz-Vermietungsgesellschaften tun, der Bestand an Vermietungsobjekten regelmäßig erneuert wird und nur ein bestimmtes Durchschnittsalter aufweist (Europcar, 2010). Dadurch hat der Kunde jederzeit Zugang zu den neuesten Technologien und einen weiteren Anreiz, die Vermietungsdienstleistung in Anspruch zu nehmen. Da eine Batterie innerhalb des Bestandes eventuell bereits von anderen Kunden eingesetzt wurde bzw. der Kunde nicht auf eine bestimmte Batterie bestehen kann, hat er ein anteiliges Nutzungsrecht und nicht mehr ein ausschließliches. Ansonsten bestehen die gleichen Auflagen für den Betrieb der Batterien, wie beim Leasing auch. Der Anbieter muss jedoch darüber hinaus auch sicherstellen können, dass der Kunde genügend Anlaufstationen für den Wechsel der Batterien hat. Kurz- bis mittelfristig ist nicht davon auszugehen, dass der Anbieter dafür eigene Infrastrukturen schafft, sondern dies über Partnerwerkstätten regelt.

Technische Voraussetzung für das Vermietungsmodell ist, dass neben der integrierten Protokollierung im BMS auch eine leichte Austauschbarkeit der Batterien gewährleistet ist. Ist z.B. die Batterie aus Platzgründen in mehreren Blöcken über das ganze Fahrzeug verteilt, stellt sich ein Wechsel der Batterien schwierig und arbeitsintensiv dar. Aus diesem Grund wären eventuell bereits werksseitig Anpassungen im Fahrzeug notwendig. Darüber hinaus sollte gewährleistet sein, dass das Batteriemanagementsystem kompatibel mit technisch weiterentwickelten Batteriegenerationen ist bzw. dafür neu programmiert werden kann.

Tabelle 25: Beschreibung des Eigentumsmodells "Batterievermietung"

Kriterien	Kunde	Anbieter
Batterieeigentümer	\multicolumn{2}{c}{Anbieter}	
Vertragsart	\multicolumn{2}{c}{Mietvertrag/Operating-Leasingvertrag}	
Vertragsdauer	\multicolumn{2}{c}{flexibel, zwischen ca. 1-2 Jahren}	
Rechte	➢ anteiliges Nutzungsrecht ➢ jederzeitiges Kündigungsrecht ➢ funktionsfähige Batterie ➢ regelmäßiger Austausch der Batterie auf neuesten Standard	➢ Besitzanspruch ➢ Festlegung von Auflagen für die Batterienutzung ➢ Nutzungsgebühr vom Kunden ➢ Evtl. Einsichtnahme der Betriebsprotokolle

Verpflichtungen	➢ regelmäßige Ratenzahlung (evtl. kilometerabhängig) ➢ Zahlung einer Mietkaution ➢ Einhaltung bestimmter Betriebszustände ➢ Haftung bei übermäßiger Abnutzung ➢ Rückgabe der Batterie nach Vertragsende	➢ Finanzierung Batterie ➢ Bereitstellung Batterie ➢ regelmäßige Erneuerung des Batteriepools ➢ Ersatz bei Batterieausfall ➢ Werkstatt-Infrastruktur für Batterietausch
technische Voraussetzungen	➢ Betriebszustandsprotokollierung im Batteriemanagementsystem (BMS) ➢ leichte Austauschbarkeit der Batterien ➢ Kompatibilität des BMS mit weiterentwickelten Batterien	
mögliche Anbieter	➢ Fahrzeughändler (Vermittler) ➢ Batteriehändler (Vermittler) ➢ Werkstätten (Vermittler) ➢ spezialisierte Dienstleister (in Verbindung mit Partnerwerkstätten)	
Weiterentwicklungsmöglichkeiten	➢ Batterien werden über automatisierte Wechselstationen getauscht ➢ Kilometerabrechnung inkl. Strombezug	

(Quelle: eigene Darstellung, mit Angaben teilweise basierend auf Rieß, 2005, S.30-35)

Weil die Aufrechterhaltung einer eigenen Service-Infrastruktur sehr kostenintensiv ist, kann ähnlich wie im Kfz-Leasinggeschäft, der Fahrzeug- bzw. Batteriehändler den Kontakt zum Kunden herstellen und die Dienstleistung vermitteln. Ebenso können Werkstattbetriebe bei Ausfall einer Batterie den Kunden in Zusammenarbeit mit einem Anbieter Interimslösungen auf Vermietbasis anbieten, da die Batterievermietung auch auf die kurzfristige Bereitstellung von Ersatzbatterien abzielt. Die Vermietung selber würde dann von einem spezialisierten Unternehmen vorgenommen werden, da eine hohe Fachkenntnis der Batterietechnologie notwendig ist. Langfristig gesehen, könnte der Austausch der Batterien automatisiert von Wechselstationen durchgeführt und so aufwendige und zeitintensive Arbeiten gespart werden. Dies würde zusätzlich die Möglichkeit bieten, binnen weniger Minuten eine neue voll aufgeladene Batterie zu erhalten und so die Reichweite der Fahrzeuge zu vergrößern. In die Mietgebühr könnte somit gleichzeitig der Strombezug eingerechnet werden, der an den Tauschstationen und eventuellen weiteren, zum Anbieter gehörenden, Ladesäulen bezogen wird. Solch ein Konzept wird derzeit von der Firma Better Place verfolgt und ist Bestandteil des Kapitels 5.5 (Better Place, 2010).

Kapitel 5.4.2 - Kostenberechnung

Da im Kfz-Vermietungsgeschäft das Leasing der Fahrzeuge eine verbreitete Form der Fremdfinanzierung ist, wurde auch in dieser Arbeit angenommen, dass die Vermietungsgesellschaft die Batterien bei einer Bank least (Sixt AG, 2009, S.50). Die in Kapitel 5.2 errechneten Leasinggebühren und Risikoaufschläge wurden somit für dieses Modell übernommen. Um auf Basis dieser Gebühren einen Endpreis für den Kunden zu ermitteln, wurde Formel 5 entwickelt und die Annahmen aus Tabelle 26 zugrunde gelegt.

Formel 5: Verwendete Formel zur Berechnung des Endkundenpreises für die Batterievermietung

$$P_{Gesamt,\,jährlich} = (P_{Leasing,jährlich} + R_{Zellausfall} + R_{Lebensdauer}) * (1/i_{Auslastung}) + P_{BW}) * (1+i_{Vermietung}) * (1+i_{MwSt})$$

mit

$P_{Gesamt,\,jährlich}$ = Endkundenpreis [in €/Jahr]

$P_{Leasing,jährlich}$ = Leasingpreis der Batterie (Finanzierungs- und Anschaffungskosten) [in €/Jahr]

$I_{Auslastung}$ = Auslastungsquote des Batteriebestands [-]

$R_{Zellausfall}$ = kalkulierter Aufschlag für das Risiko des Zellausfalls [in €/Jahr]

$R_{Lebensdauer}$ = kalkulierter Aufschlag für das Risiko des vorzeitigen Batteriekapazitätsverlustes [in €/Jahr]

P_{BW} = Kosten für nötige Batteriewechselarbeiten [in €/Jahr]

$i_{Vermietung}$ = Kalkulationszins des Leasinggebers inkl. Gewinn und Verwaltungskosten [-]

i_{MwSt} = geltender Mehrwertsteuersatz [-]

Für die Auslastung des Bestandes an Mietobjekten wurde die Quote der Fahrzeugvermieter verwendet. Sie beträgt im Schnitt 75% (Canzler, 2003, S.133). Somit muss auf den Leasingpreis die Risikopauschale, in dieser Arbeit ein Aufschlagsfaktor von 1,33, der Kehrwert der Auslastungsquote, einberechnet werden. Die Berechnung basiert ansonsten weitestgehend auf der Formel und den Annahmen des Leasinggeschäftes. Lediglich auf den Endpreis wird neben der Mehrwertsteuer noch die Gewinn- und Verwaltungsmarge des Vermieters hinzugerechnet. Die Verwaltungskosten wurden zusammen mit der Gewinnmarge von der üblichen Spanne eines Autohändlers übernommen (Diez, 2003,

S.55). Die Verwaltungskosten eines klassischen Autovermieters wurden deshalb nicht gewählt, weil der Aufwand in der Batterievermietung aufgrund der durchschnittlich erheblich längeren Vermietungsdauern als geringer eingeschätzt wird. Weiterhin sind keine kostenintensiven Vermietstationen mit eigenem Personal nötig, da der Ein- und Ausbau der Batterien am sinnvollsten über Partnerwerkstätten abgewickelt wird. Die Kosten und Gewinnerwartungen der Werkstätten sind im Preis für einen Batteriewechsel bereits inbegriffen (siehe Anhang A). Das Durchschnittsalter des Batteriepools wurde angelehnt an das Kfz-Vermietungsgeschäft auf 2 Jahre festgesetzt.

Tabelle 26: Einflussfaktoren der Mietgebühren und verwendete Annahmen

Einflussfaktor	Wert
Batteriefinanzierung	Leasing
Auslastungsquote des Batteriebestands	75%
Durchschnittsalter der Batterien	2 Jahre
Verwaltungskosten und Gewinnmarge	18 %
Werkstattkosten Batteriewechsel	63,43 €
Häufigkeit des Batteriewechsels	alle 2 Jahre

(Quelle: Sixt AG, 2009, S.50; Canzler, 2003, S.133; Diez, 2003, S.55)

Das Modell wurde beispielhaft für einen Kunden durchgerechnet, der alle zwei Jahre seine Batterie auf den neuesten Stand wechseln lässt. Die Ergebnisse werden im nächsten Abschnitt ausführlich diskutiert.

Kapitel 5.4.3 - Modellergebnisse und –bewertung

In diesem Unterkapitel sollen die Ergebnisse der Modellberechnung dargestellt, die Konsequenzen für den Kunden und den Anbieter diskutiert sowie die definierten Eigenschaften bewertet werden. Alle Vor- und Nachteile, die sich nicht direkt aus der ökonomischen Analyse erschließen, werden am Ende des Kapitels benannt.

Berechnungsergebnisse

Tabelle 27 stellt die Gesamtkosten des Fahrzeughalters mit gemieteter Batterie den Kosten des Batteriekaufs in Form von abgezinsten Barwerten gegenüber. Es ist wie erwartet erkennbar, dass die Batterievermietung erhebliche Mehrkosten mit sich bringt. Die Gesamtkosten des Fahrzeughalters liegen bei rund 11.200€ mehr für den Berufstätigen in Vollzeitanstellung und bei rund 6.700€ mehr für den Berufstätigen in Teilzeit sowie die Hausfrau/den Hausman. Die Batterienutzungskosten liegen damit um 66% über denen des Batteriekaufs bei dem Vielfahrer und sogar bei 71% über denen der beiden anderen Fahrprofile. Daran ist erkennbar, dass der Aufwand des Anbieters bei sinkender Fahrleistung zunimmt. Dies liegt vor allem an dem Umstand, dass der Mietpreis in dieser Arbeit auf dem Leasingpreis basiert und dieser, wie in Kapitel 5.2 beschrieben, ebenfalls bei abnehmender Kilometerleistung steigt. Die Mehrkosten werden daher im Bewertungsschema mit „viel höher" bewertet.

Tabelle 27: Gesamtkosten der Fahrzeugnutzung für das Modell „Batterievermietung" im Vergleich zum Batteriekauf (Barwerte)

	Batteriekauf	Batterievermietung
Berufstätiger Vollzeit	58.158,34 €	69.412,86 €
Berufstätiger Teilzeit	43.140,92 €	49.843,01 €
Hausfrau/-mann	38.338,65 €	45.040,73 €

(Quelle: Eigene Berechnungen)

An dieser Stelle sei jedoch erneut darauf hingewiesen, dass es sehr unwahrscheinlich ist, dass ein Kunde aufgrund der Mehrkosten die Batterie über die ganze Fahrzeuglebensdauer hin mietet. Das Geschäftsmodell zielt vor allem auf die Überbrückung kurzer Zeiträume ab, für die sich ein Neukauf nicht lohnen würde und welche die Mindestlaufzeiten von Leasingverträgen unterschreiten. Die durchgängige Berechnungsmethode wurde hier lediglich aus Gründen der Vergleichbarkeit gewählt.

Die Zusammensetzung der Batterienutzungskosten ist in Abbildung 18 dargestellt. Daraus wird ersichtlich, dass für den Vielfahrer die reinen Batteriekosten nur noch 50% und für das Fahrprofil „Hausfrau/-mann" sogar deutlich weniger als die Hälfte des Gesamtpreises betragen. Die Wechselarbeiten und der Risikoaufschlag sind die geringsten Posten, da aber alle zwei Jahre die Batterie gewechselt wird, machen die Werkstattarbeiten für den Tausch bei der Hausfrau bereits 2% aus. Die Finanzierungskosten repräsentieren den größten Teil mit 18 bzw. 24% und stellen die Leasinggebühren dar, die der Anbieter zu zahlen hat um die Batterien zu erhalten. Ihr Anteil nimmt, wie bereits besprochen, mit sinkender Fahrleistung zu. Die Vermietermarge, welche die Verwaltung des Batteriepools, die Aufrechterhaltung des Geschäftsbetriebes und Gewinnspannen erfasst, beträgt lediglich 13%.

Abbildung 18: Zusammensetzung der nominellen Batteriekosten für das Vermietungsmodell

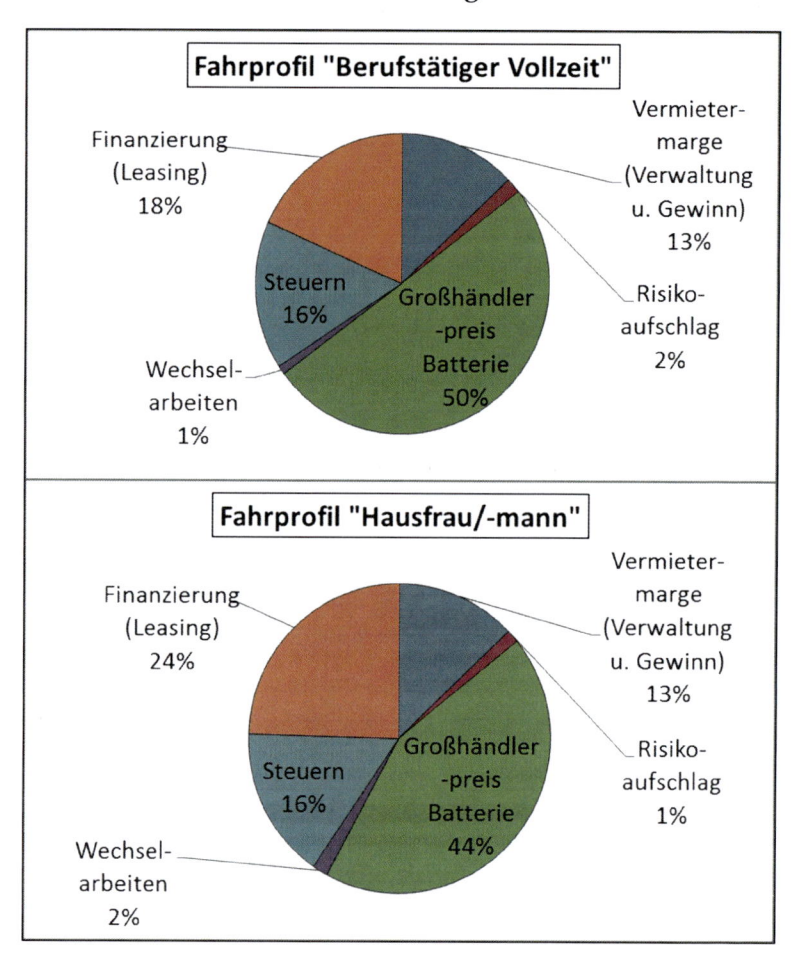

Fahrprofil "Berufstätiger Vollzeit"
- Finanzierung (Leasing) 18%
- Steuern 16%
- Wechselarbeiten 1%
- Großhändler-preis Batterie 50%
- Risikoaufschlag 2%
- Vermietermarge (Verwaltung u. Gewinn) 13%

Fahrprofil "Hausfrau/-mann"
- Finanzierung (Leasing) 24%
- Steuern 16%
- Wechselarbeiten 2%
- Großhändler-preis Batterie 44%
- Risikoaufschlag 1%
- Vermietermarge (Verwaltung u. Gewinn) 13%

(Quelle: Eigene Berechnungen)

Wie sich diese Kosten über die Zeit verteilen, ist in Abbildung 19 dargestellt. Der Verlauf ist, ähnlich des Leasingmodells, von durchgehenden Ratenzahlungen geprägt. Für den Vielfahrer liegen diese alle ausnahmslos über den Finanzierungsraten des

Batteriekaufs. Bei den beiden anderen Fahrprofilen liegen diese unter den Finanzierungsraten, weil die Batterieabnutzung geringer ist. Diese Beobachtung bestätigt auch, dass sich dieses Modell besonders für verhältnismäßig kurze Mietdauern von 1-2 Jahren eignet, um Ausfälle oder Investitionslücken zu überbrücken. Die Batteriemieten sinken darüber hinaus alle zwei Jahre ein wenig, da die Annahme besteht, dass der Zellpreis in den nächsten Jahren stetig sinkt. Anzahlungen sind für den Kunden in der Regel keine fällig. Jedoch ist zu erwarten, dass der Kunde eine Kaution hinterlegen muss, wie im konventionellen Mietgeschäft auch. Deshalb werden die Initialkosten auf der Vergleichsskala lediglich mit „niedriger" bewertet.

Abbildung 19: Jährlich Nutzungskosten der Batterievermietung im Vergleich zum Batteriekauf (Nominalwerte)

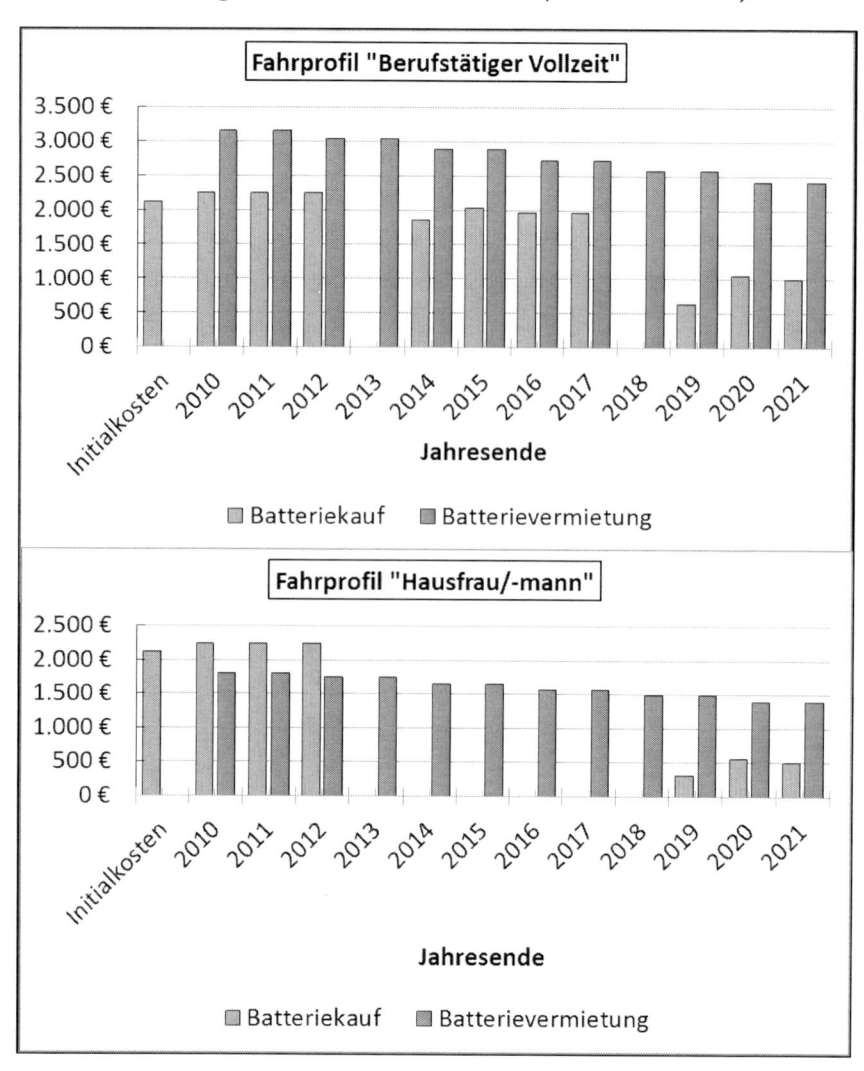

(Quelle: Eigene Berechnungen)

Weitere Modellvorteile

Einer der wichtigsten Vorteile der Batterievermietung besteht darin, dass der Kunde aufgrund der sehr geringen vertraglichen Bindung und der nur kurzen, vorgesehenen Nutzungsdauer weder das Haltbarkeits- und Restwertrisiko noch das Risiko des technologischen Fortschritts trägt. Sollten innerhalb kurzer Zeit technische Neuerungen auf den Markt kommen, die zum Beispiel durch höhere Energiedichte eine Verbesserung der Reichweite zur Folge hätten, ständen sie ihm nach Ablauf der Mietzeit zur Verfügung. Darüber hinaus wird der Bestand an Batterien kontinuierlich erneuert, weshalb der Kunde jederzeit die aktuellste und neueste Batterie zur Verfügung hat. Das getragene Risiko wird daher mit „viel niedriger" und der Punktzahl -2 bewertet.

Wie bereits erwähnt, ist die vertragliche Bindung ebenso gering, da der Kunde unter Einhaltung bestimmter Fristen in der Regel ein Kündigungsrecht besitzt und gleichzeitig die Vertragslaufzeiten verhältnismäßig kurz sind. Deshalb wird die Vertragsbindung mit „durchschnittlich" bewertet. Ein Vorteil des Modells ist darüber hinaus, dass der Kunde nur die tatsächliche Nutzungsdauer bezahlen muss, und nicht die ganze Batterie. Durch feste Ratenzahlungen hat er Planungssicherheit. Wie bei den bisher diskutierten Eigentumsmodellen auch, kommt hinzu, dass die Vermietung von Fahrzeugen bereits eine etablierte und gängige Dienstleistung ist, mit der Kunden und Anbieter Erfahrung haben. Aus diesem Grund kann davon ausgegangen werden, dass dieses Modell auch auf die Batterievermietung relativ schnell übertragen werden kann.

Weitere Modellnachteile

Ein Grund für die hohen Mehrkosten im Vergleich zu den vorher diskutierten Eigentumsmodellen ist, dass beim Vermietkonzept ein Bestand an Batterien vorgehalten muss um volle Flexibilität und Verfügbarkeit gewährleisten zu können. Dieser Bestand kann aber in der Praxis nie zu 100% ausgelastet werden, sondern nur zu einem Teil. Die Zahl an Batterien, die somit zusätzlich gebraucht werden, muss der Anbieter dann anteilig auf den Kunden umlegen. Weiterhin kann als nachteilig angesehen werden, dass die Fahrzeugwahl eingeschränkt ist. Der Kunde kann nur Batterien bzw. Fahrzeuge wählen, die vom Kunden auch wirklich angeboten werden. Ein Ausschlusskriterium kann für den Anbieter zum Beispiel die Art sein, wie die Batterie im Fahrzeug verbaut ist. Es gibt Fahrzeugkonzepte, bei denen die einzelnen Module im Fahrzeug verteilt sind und Wechselarbeiten viel Zeit und einen tiefen Eingriff in die Fahrzeugstruktur benötigen. Daher ist wahrscheinlich, dass das Modell besonders zu Beginn, nicht für alle Fahrzeuge und Kundenkreise zur Verfügung steht. Das Kriterium der Einschränkung der Fahrzeugwahl wird deshalb als „höher" eingestuft.

Darüber hinaus wird der Anbieter - der Eigentümer der Batterie ist - Auflagen beschließen, die die Nutzung auf bestimmte Betriebszustände begrenzt um eine übermäßige Beanspruchung zu vermeiden. Darüber hinaus muss der Anbieter, welcher sehr wahrscheinlich keine eigenen Werkstätten unterhält, sich über Partnerschaften um den Aufbau einer geeigneten Serviceinfrastruktur kümmern, damit ein Wechsel der Batterien für den Kunden jederzeit möglich ist.

Kapitel 5.4.4 - Zusammenfassende Übersicht

Im Folgenden sind die wichtigsten Ergebnisse dieses Kapitels mit Vor- und Nachteilen tabellarisch zusammengefasst.

Tabelle 28: Übersicht der Vor- und Nachteile der Batterievermietung aus Kundensicht

Eigenschaft	Modellergebnisse	Bewertung
Initialkosten (Anzahlungen, etc.)	➤ keine ➤ aber voraussichtlich Zahlung einer Kaution	-1
Mehrkosten im Vergleich zum Kaufmodell	➤ 66-71% (Batterienutzung) ➤ 17,5-19,3% (insgesamt)	+2
getragene Risiken	➤ keine	-2
Vertragliche Bindung	➤ flexible, kurze Laufzeiten (1-2 Jahre) ➤ jederzeitiges Kündigungsrecht	0
Einschränkung der Fahrzeugwahl	➤ nur vom Vermieter angebotene Fahrzeuge und Batterien	+1
Weitere Vorteile	➤ nur tatsächliche Nutzung wird bezahlt ➤ kurze Bindung an feste Batterie ➤ Planungssicherheit durch feste Ratenzahlungen ➤ regelmäßige Erneuerung des Batteriebestandes ➤ schnelle Markteinführung technischer Innovationen ➤ bekanntes Geschäftsmodell aus dem Fahrzeugvertrieb	
Weitere Nachteile	➤ Einschränkende Auflagen zur Batterienutzung ➤ Reservebatterien nötig ➤ Wechsel-Infrastruktur nötig	

Kapitel 5.5 - Batterievermietung mit Wechselstationen

Eine Weiterentwicklung der im vorherigen Kapitel behandelten Batterievermietung stellt die Vermietung der Batterie mit automatisierten Wechselstationen dar. Der Kunde muss zum Wechsel der Batterie nicht mehr in die Werkstatt, sondern bekommt an speziellen Stationen innerhalb weniger Minuten von Robotern eine neue Batterie eingesetzt. Weil die Ladung einer Batterie selbst mit spezieller Ladeinfrastruktur immer noch deutlich länger als ein herkömmlicher Ladevorgang an der Tankstelle dauert und gleichzeitig die Kapazitäten der Batterien sehr gering sind, bietet es sich an, die Ersatzbatterien während ihrer Lagerung in der Station aufzuladen. Dadurch ist es möglich, den Aktionsradius der Fahrzeuge zu vergrößern, aber auch andere Zielgruppen bei gleichzeitig längeren Vertragslaufzeiten anzusprechen als beim klassischen Vermietungsmodell. In diesem Kapitel wird solch ein Konzept auf Basis der imvorherigen Kapitel vorgestellten Batterievermietung diskutiert. Zu Beginn werden die Rahmenbedingungen, Rechte und Pflichten genannt, die Kunde und Anbieter zu beachten haben. Darauf aufbauend wird in den folgenden Unterkapiteln ein Kostenmodell entwickelt und die Ergebnisse besprochen. Das Kapitel schließt mit einer kurzen Übersicht der wichtigsten Erkenntnisse.

Kapitel 5.5.1 - Konzeptvorstellung

Den zentralen Unterschied zur einfachen Batterievermietung bilden in diesem Konzept automatisierte Wechselstationen, die einen schnellen Austausch der Batterien ermöglichen. Derzeit forciert wird die Entwicklung solcher Stationen für einen großflächigen Einsatz von der Firma Better Place (2010). Der Kunde fährt mit seinem Auto auf eine Art Hebebühne wo seine Batterie automatisch entnommen und ihm eine neue Batterie eingesetzt wird. Diese Vorgänge sollen lediglich wenige Minuten dauern (Better Place, 2010). Deutlich wird auch, dass für dieses Konzept die Vorhaltung von Zweitbatterien notwendig ist.

Weil der Wechsel der Batterien auf diese Weise billiger und häufiger durchgeführt werden kann als von Werkstätten, avanciert der Vermieter vom bloßen Batterieanbieter auch zum Stromlieferanten. Er kann durch die Bereitstellung von geladenen Batterien die Reichweite der Fahrzeuge erheblich vergrößern. Weil aber eine entsprechende Infrastruktur sehr kostenintensiv ist, bietet sich für die Umsetzung ein Franchisesystem an, wie es selbst bei konventionellen Tankstellen praktiziert wird (Aral AG, 2010). In Abbildung 20 ist eine denkbare Umsetzung dargestellt. Der Batterieanbieter fungiert als Franchisegeber, kümmert sich um die Beschaffung, den Austausch, die Entsorgung und ggf. um die Reparatur der Batterien sowie um den Stromeinkauf. Der Franchisenehmer betreibt die Wechselstation und liefert dem Kunden die geladenen Batterien.

Abbildung 20: Schematische Darstellung der Batterievermietung mit Wechselstationen

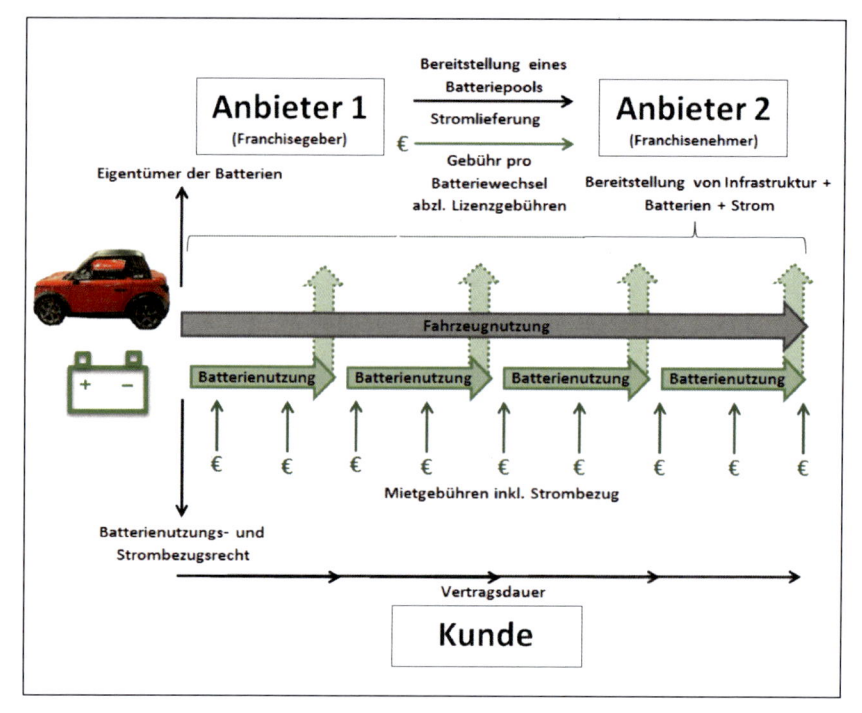

(Quelle: Eigene Darstellung)

Im Gegensatz zu den konventionellen Tankstellen erhält der Wechselstationsbetreiber keine direkte Bezahlung vom Kunden, sondern vom Systemanbieter. Dieser könnte ihn auf der Basis durchgeführter Batteriewechsel mit einer vereinbarten Pauschale abzüglich anfallender Lizenzgebühren für das Franchisesystem vergüten. Der Hintergrund ist, dass der Kunde im Gegensatz zu verbrennungsmotorischen Fahrzeugen, nicht nur die Energiemenge an der Station bezieht, sondern auch den Speicher. Es kann nicht sichergestellt werden, dass der Kunde jedes Mal zur gleichen Station zurückkehrt und es ist möglich, dass er mehrere Wochen oder gar Monate keinen Wechsel der Batterie vornehmen muss, weil er z.B. keinen Langsteckenbedarf hat. Die Abnutzung der Batterie über mehrere Monate kann aber durchaus mehrere tausend Euro betragen, weshalb eine Bezahlung an der Wechselstation für die Benutzung wenig sinnvoll erscheint. Geeigneter ist da ein monatliches Abrechnungssystem, dass vom Systemanbieter geführt wird und dann auf die einzelnen Stationsbetreiber nach der Anzahl der Wechsel umgelegt wird.

Die mögliche vertragliche Gestaltung des Konzeptes ist in Tabelle 29 anhand der Rechte und Pflichten von Anbieter und Kunde skizziert. Weil das Modell auf die Batterievermietung aus Kapitel 5.4 aufbaut, soll im Folgenden nur auf die Unterschiede und Besonderheiten eingegangen werden. Alle anderen Punkte wurden bereits im Kapitel der Batterievermietung diskutiert.

Tabelle 29: Beschreibung des Eigentumsmodells "Batterievermietung mit Wechselstationen"

Kriterien	Kunde	Anbieter
Batterieeigentümer	\multicolumn{2}{c}{Anbieter}	
Vertragsart	\multicolumn{2}{c}{Mietvertrag/Operating-Leasingvertrag}	
Vertragsdauer	\multicolumn{2}{c}{flexibel}	
Rechte	➢ anteiliges Nutzungsrecht ➢ jederzeitiges Kündigungsrecht ➢ funktionsfähige Batterie ➢ regelmäßiger Austausch der Batterie auf neuesten Standard	➢ Besitzanspruch ➢ Festlegung von Auflagen für die Batterienutzung ➢ Nutzungsgebühr vom Kunden ➢ Evtl. Einsichtnahme der Betriebsprotokolle

Verpflichtungen	➢ regelmäßige Ratenzahlung (evtl. kilometerabhängig) ➢ Zahlung einer Mietkaution ➢ Einhaltung bestimmter Betriebszustände ➢ Haftung bei übermäßiger Abnutzung ➢ Rückgabe der Batterie nach Vertragsende	➢ Finanzierung Batterie ➢ Bereitstellung Batterie ➢ regelmäßige Erneuerung des Batteriepools ➢ Ersatz bei Batterieausfall ➢ Bereitstellung von Wechsel-Stationen durch Franchisepartner ➢ Stromlieferung (im Rahmen des Batteriewechsels)
technische Voraussetzungen	➢ Betriebszustandsprotokollierung im Batteriemanagementsystem (BMS) ➢ leichte Austauschbarkeit der Batterien ➢ Standardisierung der Batterien und des Fahrzeugunterbaus ➢ Kompatibilität des BMS mit neuen Batterien	
mögliche Anbieter	➢ Fahrzeughändler (Vermittler) ➢ spezialisierte Dienstleister (in Verbindung mit Franchisepartnern)	
Weiterentwicklungsmöglichkeiten	➢ Aufbau flächendeckender Ladeinfrastruktur inkl. Ladestationen ➢ Stromlieferung auch für heimische und öffentliche Ladestationen ➢ Vertrieb der Fahrzeuge über den Systemanbieter	

(Quelle: eigene Darstellung, mit Angaben teilweise basierend auf Rieß, 2005, S.30-35; Blesl et al., 2009, S.57)

Die regelmäßige Erneuerung des Batteriepools ist auch für dieses Modell von großer Bedeutung. Denn der Kunde möchte eine Planungssicherheit haben und beim Batteriewechsel nicht plötzlich eine ältere Batterie eingesetzt bekommen, die vielleicht nur noch 90% der ursprünglichen Kapazität hat. Deswegen ist es wichtig, nur Batterien bis zu einem bestimmten Alter oder einer bestimmten Restkapazität zu behalten. Der große Unterschied zum Basismodell der Batterievermietung besteht darin, dass hier der Anbieter neben der Batterie auch den Strom liefert. Zu Beginn wird der Anbieter sich aus organisatorischen Gründen lediglich auf die Stromlieferung an den Wechselstationen beschränken. Zukünftig ist aber auch denkbar und wird zum Beispiel von Better Place angestrebt, dass der Systemanbieter die Stromlieferung auch auf heimische und öffentliche Ladestationen ausweitet, die er ebenso selber betreibt.

Eine technische Vorrausetzung für den Einsatz der Wechselstationen ist, dass bestimmte standardisierte Fahrzeugbauweisen und Batteriegrößen eingeführt werden, denn das Wechselkonzept greift tief in die bestehende Fahrzeugstruktur. Für die Vermittlung der Dienstleistung kommen Fahrzeughändler in Frage, die ihre Fahrzeuge zusammen mit dem Mietmodell anbieten könnten, um ihren Absatz zu steigern. Batteriehändler werden eher nicht als Vermittler gesehen, denn ein Systemanbieter steht zur Konkurrenz der Batteriehändler, weil er die Batterien über den Großhandel beziehen wird und die Kunden langfristig an sich binden will. Aber auch Fahrzeughändler könnten in Zukunft Konkurrenz von solch einem Systemanbieter bekommen, denn es ist denkbar, dass er die Fahrzeuge selber vertreibt, die mit seinem System kompatibel sind und Kunden bei langfristiger Vertragsschließung Kaufrabatte gewährt.

Kapitel 5.5.2 - Kostenberechnung

Die Berechnung der Kosten wurde ähnlich dem Mietmodell aufgebaut und nach Formel 6 berechnet. Es wurde wieder angenommen, dass der Anbieter die Batterien least und diese nach zwei Jahren austauscht. Anstatt der Batteriewechselkosten, die bei einem Ein- und Ausbau in einer Werkstatt anfallen würden, sind in diesem Modell die Kosten der Wechselstation auf den Kunden umgelegt worden.

Formel 6: Verwendete Formel zur Berechnung des Endkundenpreises für die Batterievermietung

$$P_{Gesamt,\,jährlich} = (P_{Leasing,\,jährlich} + R_{Zellausfall} + R_{Lebensdauer}) * (1/i_{Auslastung}) + P_{BW}) * (1+i_{Vermietung}) * (1+i_{Stationsbetreiber}) * (1+i_{MwSt})$$

mit

$P_{Gesamt,\,jährlich}$ = Endkundenpreis [in €/Jahr]

$P_{Leasing,\,jährlich}$ = Leasingpreis der Batterie (Finanzierungs- und Anschaffungskosten) [in €/Jahr]

$I_{Auslastung}$ = Auslastungsquote des Batteriebestands [-]

$R_{Zellausfall}$ = kalkulierter Aufschlag für das Risiko des Zellausfalls [in €/Jahr]

$R_{Lebensdauer}$ = kalkulierter Aufschlag für das Risiko des vorzeitigen Batteriekapazitätsverlustes [in €/Jahr]

P_{BW} = Anteilige Kosten der Batteriewechselstation [in €/Jahr]

$i_{Vermietung}$ = Kalkulationszins des Leasinggebers inkl. Gewinn und Verwaltungskosten [-]

$i_{Stationsbetreiber}$ = Gewinnmarge des Stationsbetreibers [-]

i_{MwSt} = geltender Mehrwertsteuersatz [-]

Neben dem Kalkulationszins des Anbieters wird für dieses Modell noch der Gewinn des Stationsbetreibers einbezogen. Alle neuen Berechnungsannahmen sind in Tabelle 30 dargestellt. Die Gewinnmarge für den Stationsbetreiber wurde auf Basis einer Aral Tankstelle geschätzt. Diese erwirtschaftet im Durchschnitt einen Gewinn von 0,75 ct/Liter (Schubert, 2010). Auf Basis des Benzinpreises ergibt dies eine Gewinnmarge von 1,44%. Die sehr gering erscheinende Marge bezieht sich jedoch lediglich auf die Bereitstellung der Batterie. Ein weiteres wichtiges wirtschaftliches Standbein der Tankstellen sind die Ladengeschäfte, die auch für Wechselstationsbetreiber in Frage kommen. Diese werden im Rahmen der Berechnung jedoch nicht weiter betrachtet.

Die Kosten der Wechselstation beziehen sich auf die ungefähren Aufwendungen für die bereits von Better Place realisierte Prototyp-Wechselstation in Japan (Becker et al., 2009, S.8). Für diese Station wird ein Abschreibungszeitraum von 20 Jahren zugrunde gelegt (Becker et al., 2009, S.8). Der Fahrzeugbestand, den eine konventionelle Tankstelle abdeckt, beträgt durchschnittlich 2750 Fahrzeuge. Diese Zahl wird auch für die Wechselstation angenommen (Wietschel et al., 2009, S.17). Dies würde einen Kostenanteil von 6,99€ für jedes Fahrzeug pro Jahr ergeben. Die Auslastungsquote wurde der Vergleichbarkeit halber von dem Basisvermietmodell übernommen und entspricht der eines konventionellen Autovermieters (Canzler, 2003, S.133). Für die Praxis ist denkbar, dass auf Basis von Erfahrungswerten die Auslastungsquoten gesteigert werden. Dies muss jedoch erst noch nachgewiesen werden. Weil die Austauschvorgänge weitestgehend automatisiert ablaufen und die Abrechnung auch nicht vor Ort durchgeführt wird, werden Kosten für das Stationspersonal nicht weiter berücksichtigt.

Tabelle 30: Einflussfaktoren der Mietgebühren und verwendete Annahmen

Einflussfaktor	Wert
Gewinnmarge Stationsbetreiber (ohne Ladengeschäft)	1,44 %
Kosten Akkuwechselstation	384.615 €
Abschreibungszeitraum Wechselstation	20 Jahre
Fahrzeuge pro Wechselstation	2750 Fahrzeuge
Jährliche Kosten pro Fahrzeug für Nutzung der Wechselstation	6,99 €
Auslastungsquote	75 %

(Quelle: Schubert, 2010; Becker et al., 2009, S.8; Wietschel et al., 2009, S.17; Canzler, 2003, S.133)

Nicht beachtet wurden in den Berechnungen Mengenrabatte beim Stromeinkauf, da diese stark von der Kundenanzahl des Anbieters abhängen. Somit wird der gleiche Strompreis, wie bei den anderen Modellen zugrunde gelegt. Auch wurden keine Kosten für eventuell weitere dezentrale Ladeinfrastrukturen berücksichtigt. Derzeit ist noch nicht absehbar, welche Dichte an Ladestationen in der Praxis wirklich nötig ist. Darüber hinaus würde das Betreiben eines flächendeckenden Netzes an Ladesäulen den Verwaltungsaufwand für den Systemanbieter erheblich erhöhen.

Kapitel 5.5.3 - Modellergebnisse und -bewertung

Die Ergebnisse der Wirtschaftlichkeitsberechnung werden im Folgenden dargestellt und anhand der definierten Eigenschaften bewertet. Darüber hinaus werden weitere Vor- und Nachteile diskutiert.

Berechnungsergebnisse

Wie bei allen anderen Modellen auch, wurde vereinfachend eine durchgehende Nutzung des Konzepts durch den Kunden unterstellt und die daraus resultierenden Gesamtkosten der Fahrzeug- und Batterienutzung errechnet. Obwohl die Stromkosten in diesem Modell in der Praxis zusammen mit der Batterienutzung abgerechnet werden, sind diese Kosten nicht den Batterienutzungskosten zugeordnet, weil dies sonst den Vergleich mit den anderen Modellen verzerren würde. In Tabelle 31 sind die abgezinsten Barwerte der Batterievermietung mit Wechselstationen dem Batteriekauf gegenübergestellt. Die Mehrkosten sind ein wenig höher als bei der einfachen Batterievermietung, weil mit dem Stationsbetreiber ein weiterer Zwischenhändler hinzukommt, dessen Gewinnmarge aufgeschlagen werden muss. Die Differenz zwischen beiden Mietmodellen nimmt jedoch mit sinkender Fahrleistung ab und beträgt für den Gelegenheitsfahrer nur noch rund 10€. Für den Berufstätigen in Vollzeit ergeben sich gegenüber dem Modell des Batteriekaufs Mehrkosten von rund 11.400€, für den Hausmann ungefähr 6.700€. Dies bedeutet gemessen an den Batterienutzungskosten einen Aufschlag von 67,5 bzw. 70,8% und zeigt, dass die Verwaltungskosten auch hier anteilig mit sinkender Fahrleistung steigen. Die Mehrkosten werden aufgrund der deutlichen Preissteigerung im Vergleich zum Batteriekauf in der Bewertungsskala als „viel höher" eingestuft.

Tabelle 31: Gesamtkosten der Fahrzeugnutzung für das Modell „Batterievermietung mit Wechselstationen" im Vergleich zum Batteriekauf (Barwerte)

	Batteriekauf	Batterievermietung mit Wechselstationen
Berufstätiger Vollzeit	58.158,34 €	69.596,62 €
Berufstätiger Teilzeit	43.140,92 €	49.854,22 €
Hausfrau/-mann	38.338,65 €	45.051,94 €

(Quelle: Eigene Berechnungen)

Die Zusammensetzung der Batterienutzungskosten, die in Abbildung 21 dargestellt sind, verändern sich im Vergleich zum einfachen Batterievermietmodell nur geringfügig. Die Kosten für den Batteriewechsel sinken deutlich und liegen prozentual nahe Null, obwohl davon ausgegangen werden kann, dass bei dem Einsatz von Wechselstationen der Tausch viel häufiger vorgenommen wird als beim konventionellen Vermietmodell mit manuellem Werkstattwechsel alle 2 Jahre. Die anteiligen Kosten sind deshalb so niedrig, weil durch die automatisierten und sehr kurzen Vorgänge sehr hohe Durchlaufquoten erreicht werden können. Der reine Gewinn des Stationsbetreibers macht nur einen sehr geringen Anteil von rund 1% aus. Alle anderen Anteile bleiben unverändert. Auch hier machen die Kosten für die eigentliche Batterie nur noch die Hälfte oder gar weniger aus. Jedoch bietet dieses Modell noch einen zusätzlichen Mehrwert durch die schnelle Bereitstellung geladener Batterien.

Abbildung 21: Zusammensetzung der nominellen Batteriekosten für das Vermietungsmodell mit Wechselstationen

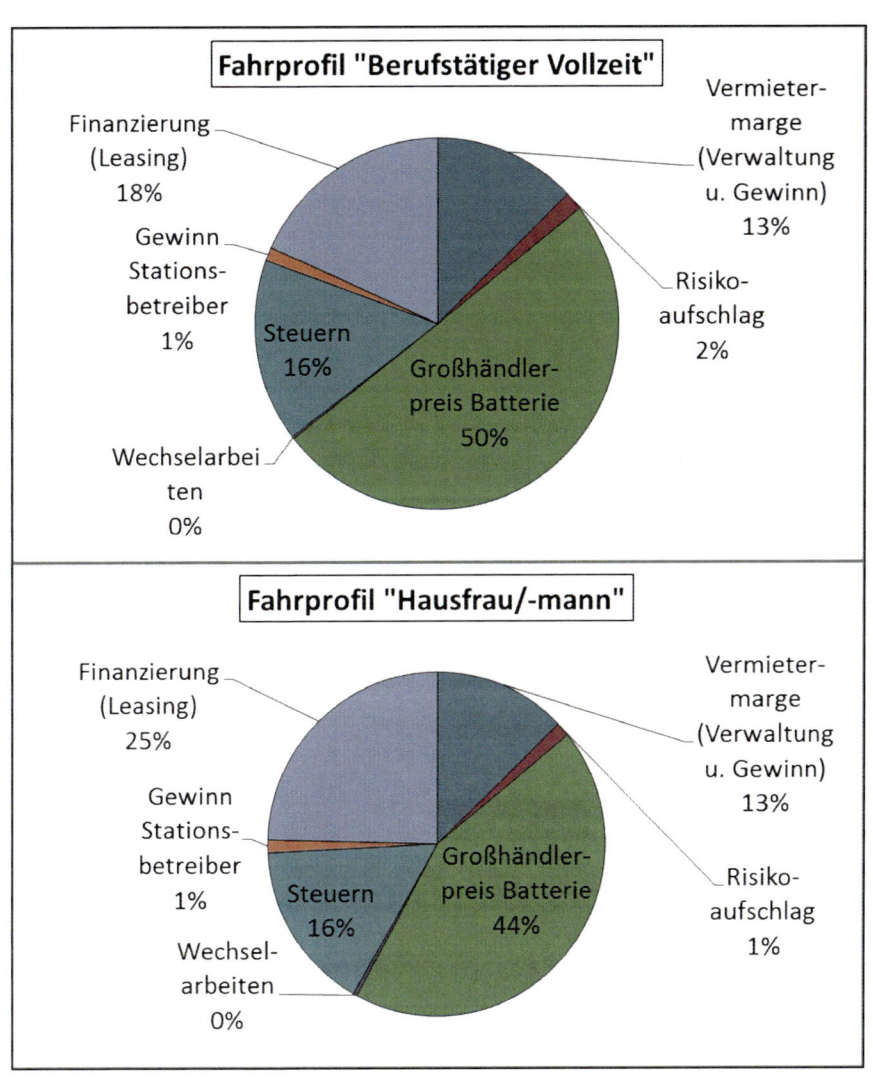

Fahrprofil "Berufstätiger Vollzeit"

- Finanzierung (Leasing) 18%
- Gewinn Stationsbetreiber 1%
- Steuern 16%
- Wechselarbeiten 0%
- Großhändlerpreis Batterie 50%
- Risikoaufschlag 2%
- Vermietermarge (Verwaltung u. Gewinn) 13%

Fahrprofil "Hausfrau/-mann"

- Finanzierung (Leasing) 25%
- Gewinn Stationsbetreiber 1%
- Steuern 16%
- Wechselarbeiten 0%
- Großhändlerpreis Batterie 44%
- Risikoaufschlag 1%
- Vermietermarge (Verwaltung u. Gewinn) 13%

(Quelle: eigene Berechnungen)

Der Zeitverlauf der Kosten entspricht, abgesehen von den minimal höheren Kosten, denen des zugrunde gelegten Batterievermietmodells. Deshalb soll die Zeitreihe auch hier nicht mehr dargestellt werden, sondern es wird auf Abbildung 19 in Kapitel 5.4 verwiesen. Anzahlungen fallen auch hier keine an, doch wird ebenso davon ausgegangen, dass der Kunde eine Kaution bei Vertragsbeginn zu zahlen hat. Die Initialkosten werden daher mit „niedriger" und der Punktzahl -1 bewertet.

Weitere Modellvorteile

Trotz der hohen Mehrkosten bietet dieses Modell einen besonderen Nutzen, den alle anderen in dieser Arbeit vorgestellten Konzepte nicht schaffen können: die Erweiterung des Aktionsradius der Elektrofahrzeuge. Dies ist als einer der zentralen Vorteile dieses Modells anzusehen. Wie bei der einfachen Batterievermietung, trägt der Kunde auch hier kein Risiko, denn der Anbieter ersetzt fehlerhafte oder nicht mehr leistungsfähige Batterien auf eigene Kosten und durch den kurzen Erneuerungszyklus des Batteriebestandes finden technologische Fortschritte schnell Anwendung. Die getragenen Risiken werden daher auf der Bewertungsskala als „viel niedriger" eingeschätzt.

Die vertragliche Bindung ist durch geregelte Kündigungsfristen und flexible Laufzeiten nicht sehr hoch und wird als „durchschnittlich" eingestuft. Durch die Möglichkeit, die Batterie jederzeit austauschen zu können, besteht für den Kunden keine feste Bindung mehr an eine bestimmte Batterie. Darüber hinaus vereinfacht ihm die gemeinsame Abrechnung von Strom und Batterienutzung den privaten Verwaltungsaufwand und ermöglicht ihm gleichzeitig, schon beim Kauf des Fahrzeuges einen schnellen Wirtschaftlichkeitsvergleich mit verbrennungsmotorischen Antrieben durchzuführen. Denn der Anbieter wird sehr wahrscheinlich, so wie es auch Better Place beabsichtigt, eine feste Kilometerpauschale vom Kunden verlangen, die er dann direkt dem aktuellen Batteriepreis gegenüberstellen kann (Better Place, 2010).

Weitere Modellnachteile

Dieses Modell birgt neben den sehr hohen Mehrkosten aber auch viele Nachteile und Unsicherheiten. So ist die Fahrzeugwahl für den Kunden sehr stark eingeschränkt. Er wird nur Fahrzeuge und Batterien wählen können, die standardisiert und an die Mechanismen der Wechselstationen angepasst sind. Gerade bei Einführung des Systems wird es nur sehr wenige Fahrzeugvarianten geben und es ist fraglich, ob in Zukunft alle Fahrzeughersteller bereit sind, solche einheitlichen Standards umzusetzen und so gewisse Differenzierungspotenziale aufzugeben (März, 2010a). Die Einschränkung der Fahrzeugauswahl wird daher mit „viel höher" und der Punktzahl +2 bewertet. Neben der Standardisierung sind tiefe Eingriffe in die Fahrzeugarchitektur notwendig, was dazu führt, dass vermutlich komplett neue Fahrzeugmodelle konzipiert werden müssen. Auch sind die Haftungsfragen noch völlig ungeklärt, wenn zum Beispiel das Fahrzeug bei einem Batteriewechsel beschädigt wird.

Der Anbieter bzw. Stationsbetreiber muss permanent Reservebatterien vorhalten, um 100% Verfügbarkeit gewährleisten zu können. Dies führt zu erhöhten Leasingkosten. Weiterhin sind die Wechselstationen sehr teuer und um eine flächendeckende Infrastruktur bieten zu können, sind hohe Anfangsinvestitionen notwendig. Überhaupt ist noch unbekannt, inwiefern Kunden bereit sind bzw. es für sie nötig sein wird, solche Stationen zu benutzen. Ein ähnliches Geschäftsmodell existiert im Automobilbereich noch nicht und Kunde sowie Anbieter werden erst Erfahrungen sammeln müssen. All diese Umstände führen dazu, dass eine schnelle Umsetzung solch eines Konzepts sehr unwahrscheinlich ist und eher erst langfristig nach einer langen Planungs- und Testphase zur Verfügung steht.

Kapitel 5.5.4 - Zusammenfassende Übersicht

Tabelle 32 fasst alle wichtigen Resultate dieses Kapitels mit den vorgenommenen Bewertungen noch einmal in Kurzform zusammen.

Tabelle 32: Übersicht der Vor- und Nachteile der Batterievermietung aus Kundensicht anhand ausgewählter Eigenschaften

Eigenschaft	Modellergebnisse	Bewertung
Initialkosten (Anzahlungen, etc.)	➢ keine ➢ aber voraussichtlich Zahlung einer Kaution	-1
Mehrkosten im Vergleich zum Kaufmodell	➢ 67,5-70,8% (Batterienutzung) ➢ 17,5-19,6%	+2
getragene Risiken	➢ keine	-2
Vertragliche Bindung	➢ flexibel ➢ jederzeitiges Kündigungsrecht	0
Einschränkung der Fahrzeugwahl	➢ nur Fahrzeuge mit standardisierten Batterien und angepasster Fahrzeugstruktur	+2
Weitere Vorteile	➢ Vergrößerung des Fahrzeugaktionsradius ➢ regelmäßige Erneuerung des Batteriebestands ➢ keine feste Bindung an eine Batterie ➢ schnelle Markteinführung technischer Innovationen ➢ weniger Aufwand für den Kunden durch gemeinsame	

	➤ Abrechnung von Strom und Batterienutzung ➤ für den Kunden einfacher Wirtschaftlichkeitsvergleich mit konventionellen Fahrzeugen	
Weitere Nachteile	➤ einschränkende Auflagen zur Batterienutzung ➤ tiefe Eingriffe in die Fahrzeugstruktur ➤ Haftungsfragen bei Beschädigung des Fahrzeuges ungeklärt ➤ Reservebatterien müssen vorgehalten werden ➤ hohe Investitionskosten ➤ Aufbau flächendeckender Infrastruktur nötig ➤ neues Geschäftsmodell, langfristige Umsetzung ➤ Wechselverhalten der Kunden unbekannt	

(Quelle: Eigene Darstellung)

Kapitel 6 – Analyse und Diskussion der Ergebnisse

Nachdem die verschiedenen Eigentumsmodelle im Einzelnen vorgestellt und diskutiert wurden, werden in diesem Kapitel die Ergebnisse genauer analysiert und untersucht. Zu Beginn werden die einzelnen Konzepte gegenübergestellt und deren Unterschiede in der Wirtschaftlichkeit und den Eigenschaftsausprägungen diskutiert. In einem zweiten Schritt werden einige Annahmen des Grundmodells variiert, um aufzuzeigen, ab wann die wirtschaftliche Konkurrenzfähigkeit der einzelnen Konzepte gegeben ist. Auf Basis der Erkenntnisse der ersten zwei Unterkapitel werden Handlungsempfehlungen in Form eines möglichen Strategieplanes für die Einführung der Eigentumsmodelle entwickelt. Das Kapitel schließt mit einer Diskussion noch offener Fragen und einer kritischen Einschätzung der Ergebnisse.

Kapitel 6.1 - Gegenüberstellung der Konzepte

Nachdem bereits die Eigenschaften der einzelnen Eigentumsmodelle ausführlich diskutiert wurden, sollen in diesem Kapitel die Konzepte gegenübergestellt werden, um daraus später Handlungsempfehlungen für mögliche Marktentwicklungsstrategien ableiten zu können. Das Kapitel beginnt mit einer Analyse der Wirtschaftlichkeitsberechnungen, die für alle Modelle anhand des definierten Referenzfahrzeuges vorgenommen wurden. In einem zweiten Schritt werden die Bewertungen der definierten Modelleigenschaften vorgestellt, gegenübergestellt und auf dieser Basis mögliche Zielgruppen benannt.

Kapitel 6.1.1 - Wirtschaftlichkeit

Bisher wurden in den Auswertungen der Eigentumsmodelle diese nur mit dem Batteriekauf als Basismodell verglichen. In diesem Abschnitt sollen alle Konzepte in einer Gegenüberstellung untersucht werden. Die Wirtschaftlichkeit wird dabei beurteilt, indem zusätzlich das verbrennungsmotorische Referenzfahrzeug in den Vergleich mit einbezogen wird. Zu Beginn werden die Kosten der Fahrzeugnutzung der beiden Antriebsarten betrachtet, die modellunabhängig anfallen. In Tabelle 33 sind alle Kostenpositionen aufgeführt, die nicht direkt die Batterie betreffen. Dabei fällt auf, dass das Elektrofahrzeug in allen Bereichen, außer der Instandhaltung, Kostenvorteile bringt. Weil für die Schätzung der Instandhaltungskosten eines Elektroautos Erfahrungswerte aus der Praxis nötig sind, die zum Zeitpunkt dieser Arbeit noch nicht zur Verfügung standen, wurde vereinfachend der Wert des konventionellen Fahrzeuges übernommen. Es ist aber möglich, dass auch hier Kostenreduktionen eintreten werden, weil teure Komponenten wie der Verbrennungsmotor, einen großen Anteil an den Kosten für die Instandhaltung haben (DAT-Report, 2010, S.34).

Die größte Einsparung erzielt ein Elektrofahrzeug bei den Steuern und Gebühren sowie den Stromkosten. Die öffentlichen Abgaben in Deutschland sind jedoch sehr gering und machen an den Gesamtkosten nur einen minimalen Teil aus. Wichtiger sind die Einsparungen bei der Antriebsenergie, denn der Benzinverbrauch verursacht bei regelmäßigen Fahrern die meisten Kosten. Darüber hinaus werden in anderen Bereichen Einsparungen erzielt, die oft nicht berücksichtigt werden. So sind Wartungskosten aufgrund fehlender Verschleißteile für das Referenzfahrzeug 7,6% günstiger und auch die Versicherungskosten sind deutlich geringer. Dies liegt daran, dass derzeit noch wenig Elektrofahrzeuge auf dem Markt sind und Fahrer von Elektroautos ein vorsichtigeres Fahrverhalten aufweisen, was die Unfallquote und somit die Prämien senkt. Wenn der Marktanteil steigt, ist es aber wahrscheinlich, dass die Versicherungsbeiträge für Elektrofahrzeuge wieder steigen und diese Einsparung geringer oder gar eliminiert wird (J. Boeckle, persönl. Mitteilung vom 29.7.2010). Die Karosserie samt Antriebsstrang ist für ein Elektrofahrzeug derzeit ebenfalls günstiger, der Unterschied ist jedoch minimal und nimmt bei steigender Batteriekapazität aufgrund des höheren Aufwands für Kontroll- und Überwachungssysteme ab.

Tabelle 33: Fahrzeugnutzungskosten des Referenzfahrzeuges im Vergleich

Kostenposition	Benziner	Elektroauto	Einsparung gegenüber Benziner
Fahrzeug (ohne Batterie)	12.275,00 €	11.293,25 €	8,0 %
Strom/Benzin	11,09 €/100km	4,69 €/100km	57,7 %
Wartungskosten	2,20 €/100km	2,03 €/100km	7,6 %
Instandhaltungskosten	3,40 €/100km	3,40 €/100km	0,0 %
Versicherungskosten	732,00 €/Jahr	620,93 €/Jahr [1]	15,2 %
Steuern und Gebühren	74,17 €/Jahr	30,25 €/Jahr	59,2 %

[1] KFZ-Steuern umgelegt auf 12 Jahre Fahrzeugnutzungsdauer, da die ersten 5 Jahre eine Steuerbefreiung gilt (Zulassung 2010)

(Quelle: Eigene Berechnungen)

Die Frage ist nun, ob diese Einsparungen die Mehrkosten der Batterie während der Fahrzeuglebensdauer wirklich kompensieren können. In Abbildung 22 sind die Mobilitätskosten beider

Antriebsarten sowie aller fünf Eigentumsmodelle dargestellt. Die Mobilitätskosten werden ermittelt, indem die anfallenden Kosten durch die Fahrleistung geteilt werden. Im oberen Teil der Abbildung beziehen sich die Werte auf die Kosten der kompletten Fahrzeugnutzung, im unteren Teil werden nur die Kosten betrachtet, die für die Nutzung der Batterie und des Stroms anfallen. Aus der ersten Abbildung wird deutlich, dass die Fahrleistung wie erwartet erheblichen Einfluss auf die Höhe der Mobilitätskosten hat. Darüber hinaus kann festgestellt werden, dass die Kosten des Batteriekaufs, der Batterieversicherung und des Batterieleasings durchaus bereits in der Nähe des Benziners liegen. Beim Fahrprofil des „Berufstätigen in Teilzeit" sind die Kosten bezogen auf den Kilometer bei gekaufter und zusätzlich versicherter Batterie sogar leicht unter den Kosten eines Benziners. Die Vermietmodelle hingegen führen bei allen drei Fahrprofilen zu erheblichen Mehrkosten.

Interessant werden diese Beobachtungen, wenn man lediglich die Kosten betrachtet, die durch die Nutzung der Batterie und des Stromes anfallen, wie im unteren Teil von Abbildung 22. Denn man sieht ganz deutlich, dass diese Kosten bei allen Modellen und Fahrprofilen mit mehr oder weniger großem Abstand über den Kilometerkosten des Benziners liegen. Dies bedeutet, dass nicht nur die Einsparungen beim Verbrauch, sondern auch die anderen Kostenreduktionen aus Tabelle 33 einen nicht zu vernachlässigenden Beitrag zur Wirtschaftlichkeit des Elektroautos leisten.

Darüber hinaus fällt auf, dass die Kilometerkosten nicht durchgehend mit sinkender Fahrleistung steigen, sondern es beim mittleren Fahrprofil einen „Knick" gibt. Dies liegt daran, dass der Berufstätige in Teilzeit zusammen mit der Hausfrau nur einen Batteriewechsel benötigt, der Berufstätige in Vollzeit aber zwei Wechsel, was dessen Batteriekosten erhöht. Der Berufstätige in Teilzeit nutzt im Gegensatz zum Fahrprofil „Hausfrau/-Hausmann" seine Batterie besser aus, denn beide Batterien müssen aufgrund kalendarischer Alterungsprozesse spätestens nach 10 Jahren gewechselt werden, selbst bei geringerer Nutzung. Daraus lässt sich schließen, dass eine von vornherein genaue Auswahl beziehungsweise Anpassung der Batterie an das jeweilige Fahrprofil zu großen Kosteneinsparungen führen könnte. Weiterhin lässt sich dennoch der Trend ausmachen, dass mit steigender Fahrleistung, die Wirtschaftlichkeit eines Elektrofahrzeuges steigt und im Umkehrschluss bei abnehmender Fahrleistung sinkt.

Abbildung 22: Gegenüberstellung der Mobilitätskosten des Benziners mit den Eigentumsmodellen (barwertbezogen)

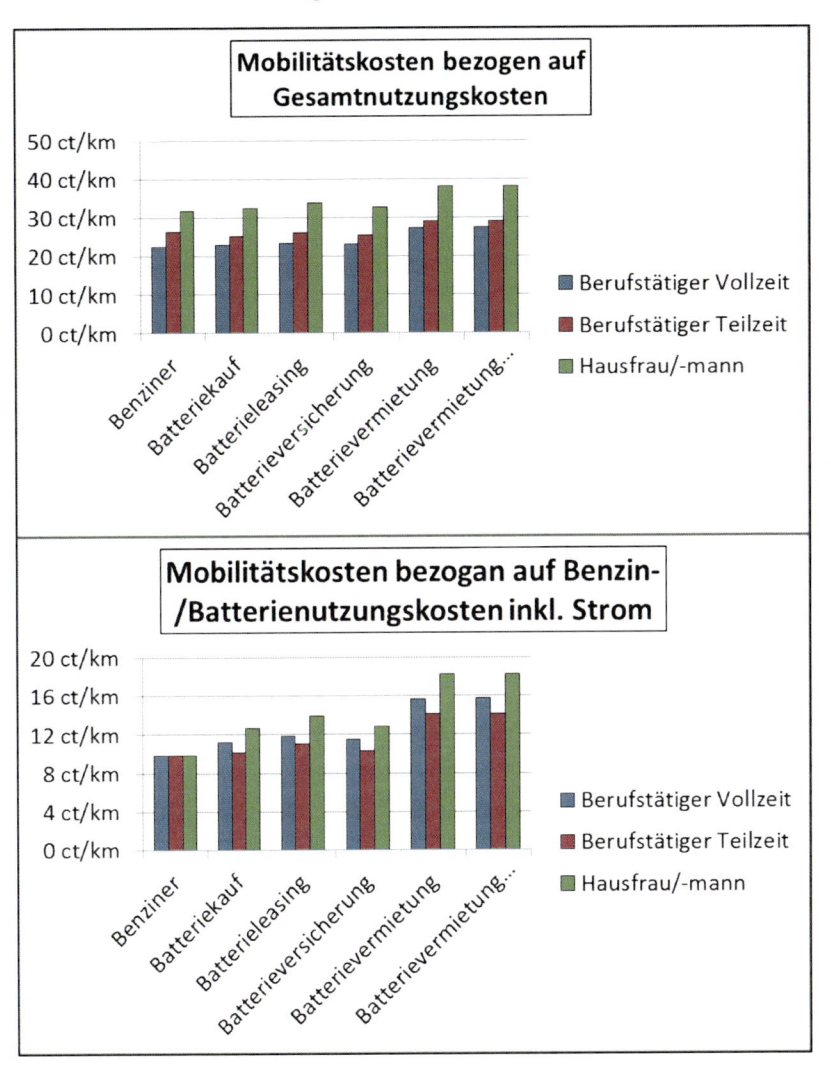

(Quelle: Eigene Berechnungen)

Welche Zahlungsströme für die einzelnen Modelle über die Zeit anfallen, wurde bereits im Einzelnen untersucht und soll hier nochmal im Gesamtvergleich dargestellt werden. Abbildung 23 zeigt die jährlich anfallenden nominalen Kosten für zwei Fahrprofile. Es wurden aus Gründen der Übersichtlichkeit lediglich die Basismodelle ausgewählt. Das heißt, dass die Batterieversicherung, die auf den Batteriekauf aufbaut und die Batterievermietung mit Wechselstationen nicht berücksichtigt wurden. Aus der Abbildung ist erkennbar, dass für den Benziner zu Investitionsbeginn hohe Anfangskosten aufgrund der Kreditanzahlung anfallen. Nachdem das Fahrzeug abbezahlt ist, sinken die jährlichen Kosten deutlich, steigen dann aber aufgrund der Ölpreisentwicklung wieder langsam an. Die Modelle des Batterieleasings und der Batterievermietung weisen lediglich die Anschaffungszahlungen für das Fahrzeug auf, welche aufgrund des etwas geringeren Preises niedriger sind. Kauft der Kunde das Fahrzeug mit der Batterie, sind die höchsten Anzahlungen nötig.

Weiterhin ist zu sehen, dass die darauf folgenden jährlichen Kosten des Benziners unter den Kosten des Vermietungs- und Leasingmodells liegen. Für das Batteriekaufmodell sind die Kosten nach erfolgter Abzahlung der Batterie teilweise bis zu 35 % niedriger. Für den Vielfahrer ist jedoch im Jahr 2014 bereits ein neuer Batteriekauf nötig. Insgesamt ist zu erkennen, dass das Leasing- und das Vermietungsmodell zu einer gleichmäßigeren Zahlungsreihe führen und die Initialkosten im Vergleich zum Benziner und zum Kaufmodell senken. Der Nachteil sind die hohen Kosten in den folgenden Jahren. Um eine möglichst hohe Kundenakzeptanz zu erreichen, sollten die Kosten der einzelnen Modelle am besten in jedem Jahr unter denen des Benziners liegen.

Abbildung 23: Nominale Kosten aller Modelle über die Zeit im Vergleich zum Benziner

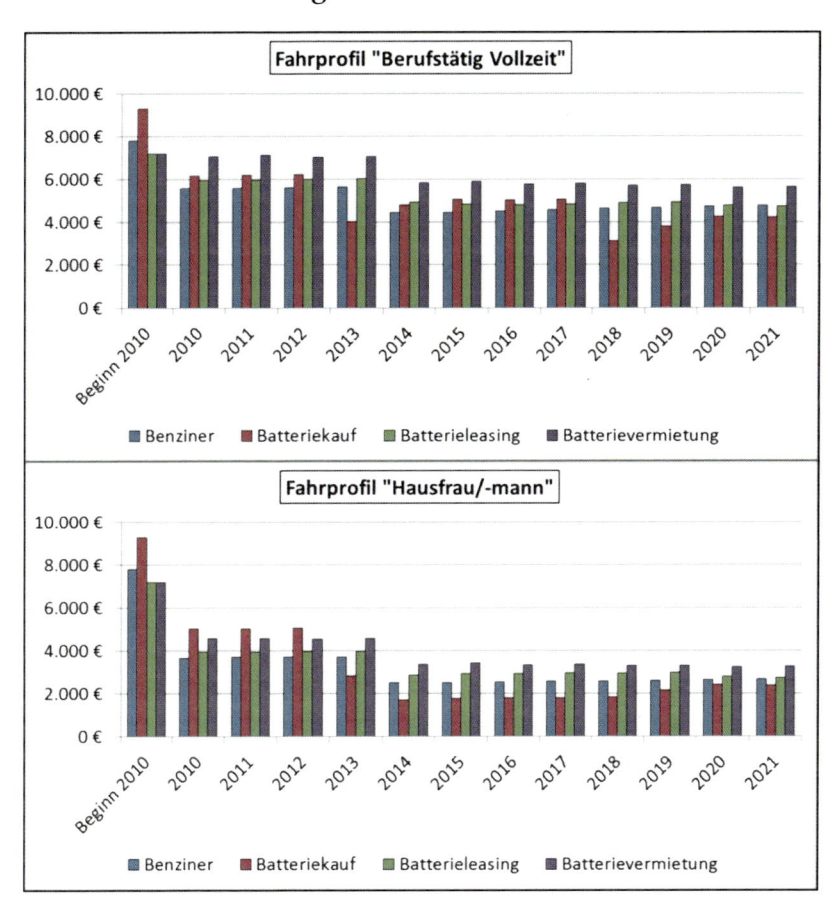

(Quelle: Eigene Berechnungen)

Zuletzt soll untersucht werden, wie sich die Batterienutzungskosten der einzelnen Eigentumsmodelle im Vergleich zusammensetzen. In Abbildung 24 sind die nominellen Batterienutzungskosten aller Modelle dargestellt und in die einzelnen Kostenpositionen gegliedert. Es ist erkennbar, dass der Batteriekauf und die Batterieversicherung die kosteneffizientesten Modelle darstellen. Bei beiden sind die Anteile der Händlerdienstleistungen sowie die Gesamtkosten am geringsten. Interessant ist auch, dass der Risikoaufschlag bei der Versicherung sowie bei allen anderen Modellen sehr klein ist. Die Verwaltungs- und Finanzierungskosten nehmen bei dem Leasing- und den Vermietungsmodellen deutlich zu, weshalb sich für Kunden, die lediglich das Risiko der Haltbarkeit und Lebensdauer auf einen Anbieter abwälzen wollen, die Versicherung anbietet.

Abbildung 24: Zusammensetzung der nominellen Batterienutzungskosten aller Modelle im Vergleich

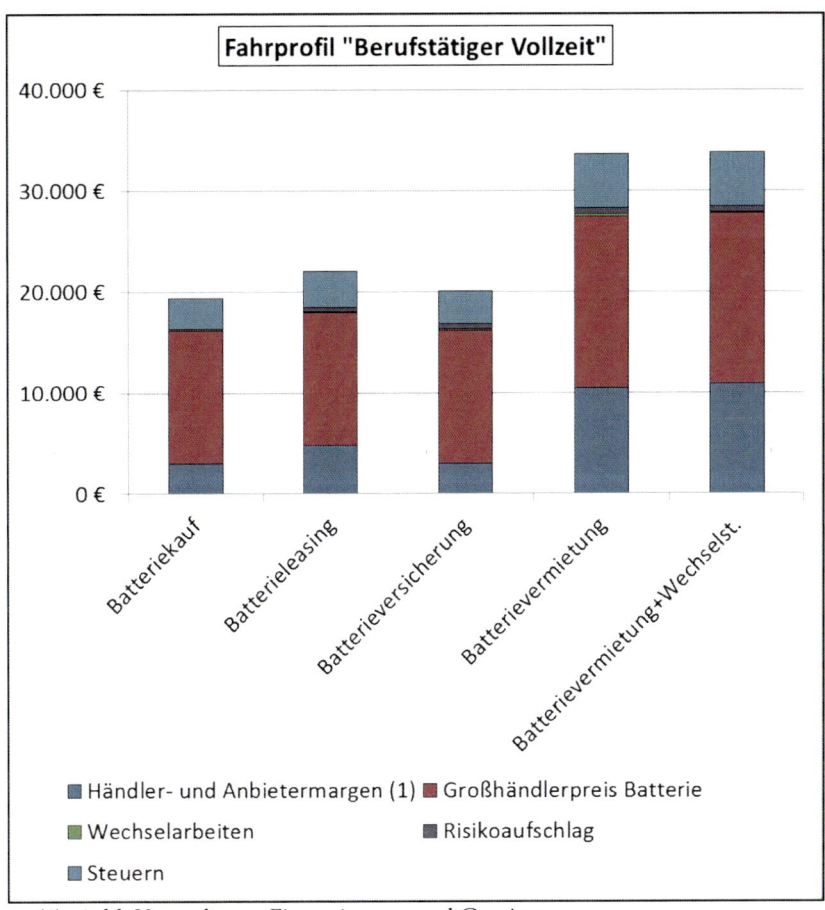

Fahrprofil "Berufstätiger Vollzeit"

- Händler- und Anbietermargen (1)
- Großhändlerpreis Batterie
- Wechselarbeiten
- Risikoaufschlag
- Steuern

(1) inkl. Verwaltung, Finanzierung und Gewinn

(Quelle: Eigene Berechnungen)

Bei den Vermietmodellen steigen neben den Aufwendungen für den Anbieter auch die Kosten der Batterien erheblich an, da ein Bestand an Reservebatterien vorgehalten muss. Dennoch können diese Modelle ihre Berechtigung haben, weil sie zusätzlichen Kundennutzen schaffen. Eine rein ökonomische Analyse scheint daher für einen umfassenden Modellvergleich nicht ausreichend. Im nächsten Unterkapitel wird eine ergänzende Betrachtung der für die einzelnen Konzepte durchgeführten Bewertungen vorgenommen, um auch strukturelle Unterschiede aufzeigen und mögliche Zielgruppen abschätzen zu können.

Kapitel 6.1.2 - Modelleigenschaften

Weil die Akzeptanz des Kunden bei der Markteinführung von Elektrofahrzeugen eine zentrale Rolle spielt, wurden in modellübergreifende Eigenschaften definiert, die sehr wahrscheinlich Einfluss auf die Kaufentscheidung haben. Diese Eigenschaften wurden anhand einer einheitlichen Skala im Vergleich zum Batteriekauf in Kapitel 5 bewertet. Die Bewertungsergebnisse aller Modelle sind in Abbildung 25 zusammenfassend dargestellt.

Es ist erkennbar, dass die hohen Anzahlungen, die beim Batteriekauf anfallen, am stärksten vom Leasingkonzept gesenkt werden. Hier fallen in der Regel keine Anzahlungen an. Für das Mieten der Batterie wird ebenso keine Anzahlung verlangt, jedoch müssen hier Kautionen als Sicherheit hinterlegt werden, weil die Vertragsbindung deutlich geringer und kürzer ist als beim Leasing. Das Konzept der Batterieversicherung sieht weiterhin einen Kauf vor, weshalb hier die gleichen Anzahlungen nötig sind wie beim einfachen Batteriekauf. Die Mehrkosten sind ausnahmslos bei allen Modellen höher. Die Mietverträge verursachen die meisten Aufschläge, aufgrund der Vorhaltung von Ersatzbatterien und mehrerer in die Dienstleistung involvierter Akteure. Es wird aber auch deutlich, dass in diese Mehrkosten gewisse Risikoaufschläge einbezogen sind, denn die vom Kunden getragenen Risiken sinken offenbar mit steigenden Kosten. Die Versicherung und das Leasingkonzept decken das Ausfall- und das Haltbarkeitsrisiko ab, die Mietmodelle zusätzlich das Risiko des technologischen Fortschritts, denn die Batterie kann jederzeit gewechselt werden. Die vertragliche Bindung ist bei fast allen Modellen relativ gering und ähnlich dem Batteriekauf, weil die Laufzeiten in der Regel kurz sind bzw. geordnete Kündigungsfristen bestehen. Lediglich beim Leasing der Batterie muss sich der Kunde auf eine verhältnismäßig hohe Bindung an den Anbieter einstellen, denn die Vertragslaufzeiten sind lang und geordnete Kündigungsfristen sind bei Finanzierungsleasingverträgen meist nicht vorgesehen. Ein weiteres Kriterium, welches für die Akzeptanz des Modells eine Rolle spielen wird, ist die zur Verfügung stehende Auswahl an Fahrzeugen bzw. Batterien. Diese ist gegenüber dem Batteriekauf bei allen Modellen beeinträchtigt, denn ein Anbieter kann sich nur auf ein begrenztes Kontingent von Fahrzeug- und Batterietypen beschränken, zumal häufig Kooperationsverträge mit bestimmten Herstellern bestehen. Bei dem Batterieleasing, der Batterieversicherung und der einfachen Batterievermietung ist die Auswahl daher geringfügig begrenzt. Es werden nur solche Fahrzeuge bzw. Batterien unter Vertrag genommen werden, die dem Anbieter bekannt sind, und dessen Risiken er klar einschätzen kann. Das Vermietmodell mit Wechselstationen erfordert tiefe Eingriffe in die Fahrzeugstruktur und eine Standardisierung der Batterien, weshalb hier nur sehr wenige Fahrzeuge zur Verfügung stehen werden.

Abbildung 25: Vergleich der Modelleigenschaften mit dem Batteriekauf

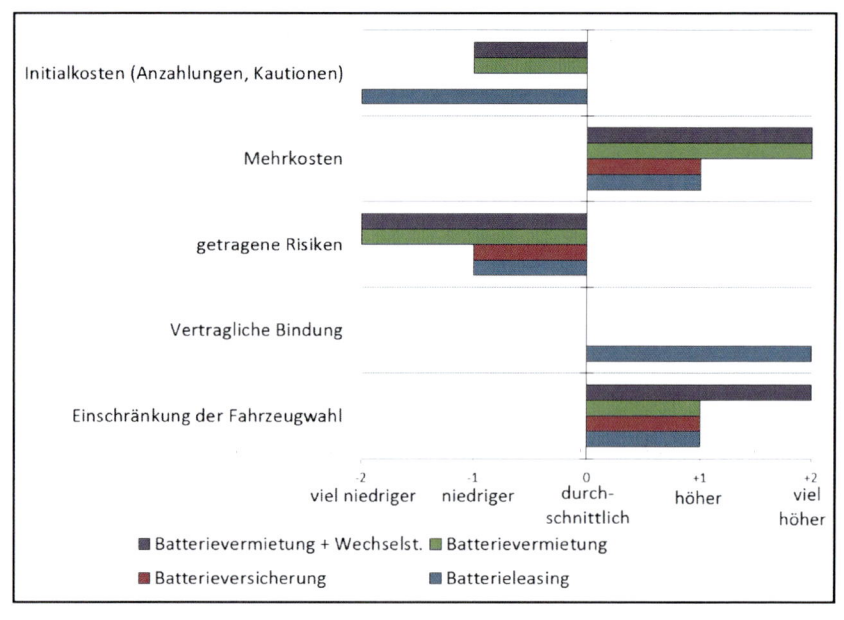

[Balkendiagramm mit den Kategorien: Initialkosten (Anzahlungen, Kautionen), Mehrkosten, getragene Risiken, Vertragliche Bindung, Einschränkung der Fahrzeugwahl; Skala von -2 (viel niedriger) über -1 (niedriger), 0 (durchschnittlich), +1 (höher) bis +2 (viel höher); Legende: Batterievermietung + Wechselst., Batterievermietung, Batterieversicherung, Batterieleasing]

(Quelle: Eigene Berechnungen)

Aus diesen Beobachtungen lassen sich bereits erste Ableitungen bezüglich möglicher Zielgruppen machen. Stark risikoaverse Kunden werden hohe Mehrkosten und eine Einschränkung der Fahrzeugauswahl in Kauf nehmen und sich eher für das Mietmodell entscheiden, bei dem die Bindung an eine bestimmte Batterie minimal ist. Kunden, die zwar das Ausfall- und Haltbarkeitsrisiko der Batterie scheuen, aber keine Probleme damit haben, sich vertraglich längerfristig zu binden, werden vermutlich das Leasingkonzept wählen. Elektroautofahrer, die eher eigentumsorientiert sind, aber trotzdem Planungssicherheit bei geringen Kosten wünschen, wären mit einer Batterieversicherung zufrieden. Kunden, die der Meinung sind, dass sie die verschiedenen Risiken selber genügend verlässlich einschätzen können und diese als gering einstufen, werden sie Variante ohne Mehrkosten, den Batteriekauf, entscheiden.

Insgesamt ist zu sagen, dass die Batterieversicherung die geringste Abweichung vom Batteriekauf bei relativ geringem Risiko aufweist und darüber hinaus das Abschließen einer Kaskoversicherung beim Fahrzeugerwerb weit verbreitet ist, der Kunde also mit diesem Geschäftsmodell besonders vertraut ist. Durch eine Einbeziehung der Batterieversicherung in die Kaskoversicherung, bei der die kompletten Beitragssätze derzeit sogar noch unter den Durchschnittswerten der Versicherungen konventioneller Fahrzeuge liegen würden, wäre die Nutzerakzeptanz vermutlich am höchsten.

Es sei aber erwähnt, dass die Modelle noch andere Vor- und Nachteile haben, die bereits in den einzelnen Modellkapiteln diskutiert wurden und die durchaus auch Einfluss auf die Kaufentscheidung des Kunden haben können. Der Gesamtnutzen, den jeder einzelne Kunde den Modellen beimisst, kann nur durch umfangreiche und individuelle Marktanalysen erfasst werden, bei denen die einzelnen Eigenschaften gewichtet werden (Wallentowitz et al., 2010, S.166).

Kapitel 6.2 – Sensitivitäts- und Wirtschaftlichkeitsanalyse

Eine wichtige Grundlage für die allgemeine Akzeptanz von Elektrofahrzeugen und somit Hauptvoraussetzung für die Anwendung der einzelnen Geschäftsmodelle ist die Wirtschaftlichkeit der Elektromobilität. Im Rahmen einer Sensitivitätsanalyse soll untersucht werden, unter welchen Umständen die vorgestellten Modelle wirtschaftlich wären und wie sich deren Wirtschaftlichkeit gegebenenfalls steigern ließe. Es wird die Entwicklung des Benzinpreises untersucht sowie Zellpreise identifiziert, ab denen sich die einzelnen Modelle rechnen würden. Weiterhin werden die Kosten pro Kilometer der

Referenzbatterie mit der Nickel-Metallhydrid und der Blei-Gel Batterie verglichen. Zusätzlich wird der Einfluss der Fahrleistungen und der Batteriekapazität auf die Mobilitätskosten abgeschätzt sowie untersucht, wie sehr verschiedene Batterieausfallraten und Lebensdauerverkürzungen sich auf die Risikoaufschläge auswirken.

Neben den genannten Faktoren gibt es auch weitere Einflussgrößen, die sich mit der Zeit ändern und auf die Wirtschaftlichkeit auswirken können, im Rahmen dieser Arbeit aber nicht weiter berücksichtigt werden können. So könnten Weiterentwicklungen der Batterielebensdauer oder eine Einführung von CO_2-Emissionszertifikaten für den Personenverkehr von Bedeutung sein.

Kapitel 6.2.1 - Entwicklung des Benzinpreises

Im Rahmen dieser Arbeit wird untersucht, wie sich die zukünftige Entwicklung des Ölpreises auf die Wirtschaftlichkeit des Referenzfahrzeuges und die verschiedenen Eigentumsmodelle auswirkt. Dabei wird der erwartete Benzinpreis für das Jahr 2030 variiert und für den jährlichen Preisanstieg vereinfachend eine lineare Entwicklung angenommen. Die detaillierten Ergebnisse für alle Fahrprofile und alle Modelle sind in Anhang B aufgeführt. Für das Grundmodell wird ein Benzinpreis von 2,26€/l für das Jahr 2030 angenommen, basierend auf dem World Energy Outlook der Internationalen Energieagentur (siehe Anhang A.3).

Die Variation des Preises ergibt, dass für das Fahrprofil des Berufstätigen in Vollzeit ein Elektrofahrzeug mit gekaufter Batterie erst wirtschaftlich ist, wenn der Benzinpreis bis zum Jahr 2030 stetig auf 2,26€/l Benzin steigt. Für die anderen Modelle wären noch größere Preissteigerungen nötig, die Batterievermietung mit Wechselstationen würde erst wirtschaftlich betrieben werden können, wenn der Benzinpreis im Jahre 2030 ca. 5,30 €/l beträgt.

Bei dem Hausmann/der Hausfrau zeigt sich eine ähnliche Tendenz. Für das Fahrprofil des Berufstätigen in Teilzeit sind der Batteriekauf und das Batterieleasing bereits deutlich wirtschaftlich konkurrenzfähig. Bei beiden Modellen würden zukünftige Benzinpreise von 1,21 €/l und 1,84 €/l im Jahre 2030 bei kontinuierlicher Verteuerung ausreichen. Erstes Benzinpreisniveau ist schon jetzt seit langer Zeit überschritten. Die Wirtschaftlichkeit des mittleren Fahrprofils ergibt sich aus einer optimalen Ausnutzung der Batterien. Der Vielfahrer benötigt zu häufig neue Batterien wohingegen der Gelegenheitsfahrer zu viel Batteriekapazität ungenutzt durch kalendarische Alterung verliert.

Tabelle 34: für die Wirtschaftlichkeit des Elektroautos nötige Benzinpreise im Jahr 2030 bei linearer Entwicklung

	Berufstätiger Vollzeit	Berufstätiger Teilzeit	Hausfrau /-mann
Verwendeter Benzinpreis	2,26€/l	2,26 €/l	2,26€/l
Batteriekauf	2,26 €/l	*1,21 €/l*	2,47 €/l
Batterieleasing	2,67 €/l	*1,84 €/l*	3,38 €/l
Batterievermietung+ Wechselstation	5,35 €/l	3,90 €/l	6,36 €/l

(Quelle: eigene Berechnungen; verwendeter Benzinpreis basierend auf IEA, 2008, S.68)

Es sei erwähnt, dass diese Vergleiche bereits auf einen zukünftig sinkenden Zellpreis beruhen. Darüber hinaus markieren die angegebenen Benzinpreise Endpunkte einer Entwicklung. Dies bedeutet, dass bei Vergleichen mit statischen Benzinpreisen Elektrofahrzeuge bereits bei geringeren Preisniveaus konkurrenzfähig sein werden.

Kapitel 6.2.2 - Entwicklung der Batteriekosten

Neben den Benzinkosten werden auch die Batteriekosten auf der Ebene der Zellpreise variiert. Dabei wird keine dynamische Entwicklung über die Zeit angenommen, sondern es werden statische Werte verwendet. Diese Vorgehensweise wird gewählt um aufzeigen zu können, welches Zellpreisniveau bereits ohne weitere Kostensenkungen genügen könnte, um eine Wirtschaftlichkeit zu gewährleisten. Eine detaillierte graphische Darstellung aller Ergebnisse findet sich in Anhang B. In Tabelle 35 sind die Zellpreise ausgewählter Modelle aufgelistet, die nötig sind um die Wirtschaftlichkeit von Elektroautos zu ermöglichen. Der Batteriekauf stellt die Untergrenze mit den derzeit billigsten Mobilitätskosten und die Batterievermietung mit Wechselstationen die Obergrenze dar. Der in einer Herstellerumfrage ermittelte aktuelle Zellpreis liegt bei rund 431 €/kWh. Der erwartete Preis, der bis zum Jahr 2025 erreicht werden könnte, liegt bei 273 €/kWh (siehe Kapitel 3.3.3). In der Tabelle sind alle Zellpreise, die in dieser Spanne liegen, hellgrün hinterlegt. Alle Werte, die unterhalb des erwarteten Zellpreises liegen, sind orange markiert. Die zwei Zellpreise, die bereits oberhalb des aktuellen Wertes sind, haben eine dunkelgrüne Markierung.

Tabelle 35: Zellpreise ab denen die Wirtschaftlichkeit verschiedener Eigentumsmodelle erreicht wird

	Berufstätiger Vollzeit	Berufstätiger Teilzeit	Hausfrau/-mann
Aktueller Zellpreis	431 €/kWh	431 €/kWh	431 €/kWh
Erwarteter Zellpreis für 2025	273 €/kWh	273 €/kWh	273 €/kWh
Batteriekauf	374 €/kWh	510 €/kWh	384 €/kWh
Batterieleasing	343 €/kWh	433 €/kWh	326 €/kWh
Batterievermietung+ Wechselstation	215 €/kWh	271 €/kWh	203 €/kWh

(Quelle: Eigene Berechnungen)

Alle Werte des Batteriekaufes und des Batterieleasings liegen innerhalb oder oberhalb der Spanne. Auch hier wird deutlich, dass die Fahrleistung einen großen Einfluss auf die Wirtschaftlichkeit hat. So liegt der Berufstätige in Teilzeit mit gekaufter Batterie bereits über der Wirtschaftlichkeitsgrenze, die beiden anderen Fahrprofile hingegen erfordern Zellpreise nahe an der Untergrenze. Die Batterievermietung mit Wechselstation unterschreitet mit jedem Fahrprofil die Zellpreiserwartung im Jahr 2025. Daraus wird ersichtlich, dass solche Konzepte erst auf sehr lange Sicht eine mögliche Option darstellen werden. Hat der Kunde hingegen regelmäßig und über längere Zeit feste Wegstrecken zu absolvieren, die ihm eine sichere Planungsgrundlage bieten, kann er durch die richtige Wahl seines Fahrzeuges und den Kauf der Batterie bereits jetzt Elektroautos wirtschaftlich betreiben.

Kapitel 6.2.3 - Vergleich mit anderen Batterietechnologien

Neben der Lithium-Ionen Technologie existieren auch andere Batteriesysteme, die eventuell für einen Einsatz in Elektrofahrzeugen in Frage kommen. Zwei Systeme wurden bereits erfolgreich in der Vergangenheit in Elektrofahrzeugen eingesetzt, die Blei-Gel und die Nickelmetallhydrid Batterie. Diese werden an dieser Stelle anhand der Zellpreise mit der Lithium-Ionen Batterie verglichen. Für die ausgewählten Batterietechnologien wurde eine konstante 80%ige Entladetiefe angenommen, weil kein verlässliches Lebenszyklusmodell zur Verfügung stand, mit denen die Entladetiefe hätte variiert werden können.

Alle Annahmen, die für den Vergleich zugrundegelegt wurden, sind in Tabelle 36 aufgeführt. Es ist erkennbar, dass die Blei-Gelbatterie zwar zu sehr niedrigen Preisen produziert werden kann, die Zyklenfestigkeit jedoch deutlich unter denen der Lithium-Ionen Batterie liegt. Preisreduktionen werden für diese

Technologie in Zukunft keine mehr erwartet, da es sich bereits um eine sehr ausgereifte Technologie handelt. Die Nickelmetallhydrid Batterie weist sehr ähnliche Eigenschaften wie die Lithium-Ionen Batterie auf, ist derzeit aber noch teurer. Für eine Massenproduktion - in dieser Arbeit für das Jahr 2025 angenommen - wären Zellpreise von rund 270€/kWh möglich. Dieser Zellpreis ist nahezu identisch mit den Erwartungen an die zukünftigen Preise der Lithium-Ionenbatterie.

Tabelle 36: Verwendete Kenndaten der Pb-Gel und der Ni-MH Batterie

	Bleibatterie	Nickel-Metallhydrid Batterie
Zyklische Haltbarkeit bei 80% DOD	350 Zyklen	1000 Zyklen
Kalendarische Alterung	10 Jahre	10 Jahre
Aktueller Zellpreis	250 €/kWh	500 €/kWh
Zellpreis im Jahr 2025	250 €/kWh	270 €/kWh

(Quelle: Kalhammer et al., 2007, S.38, S.50; Köhler, 2006, S.34-48; Hannig et al., 2009, S.106f.)

Die Ergebnisse des Wirtschaftlichkeitsvergleiches sind graphisch in Abbildung 26 dargestellt. Es wird deutlich, dass die aktuellen Zellpreise umgelegt auf die erreichbare Kilometerzahl für die Ni-MH und die Li-Ionen Technologie noch über dem Kostenniveau der Blei-Gel Batterie liegen. Der Break-Even Point, ab dem die Lithium-Ionen Batterie mit der Blei-Technologie wirtschaftlich konkurrenzfähig ist, liegt bei ca. 345 €/kWh.

Abbildung 26: Mobilitätskosten in Abhängigkeit von der Zellpreisentwicklung im Vergleich zu Ni-MH und Pb-Batterien

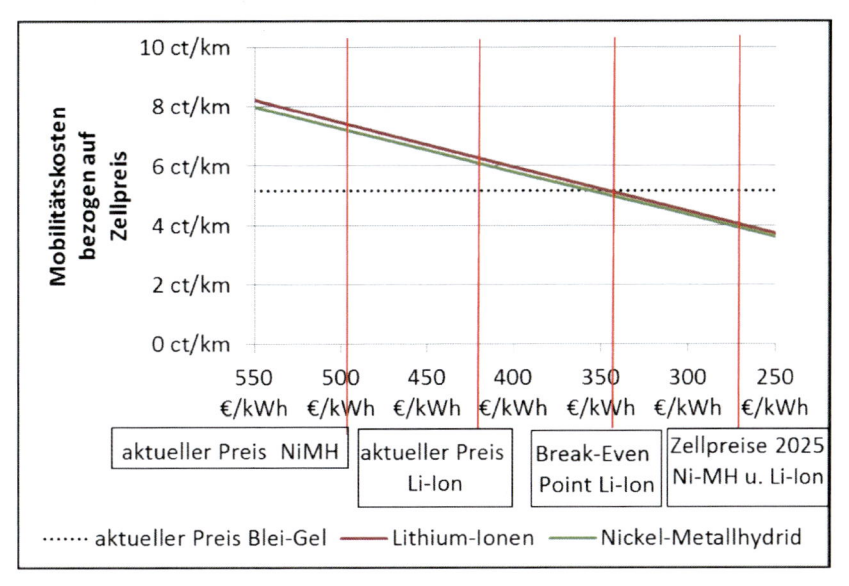

(Quelle: Eigene Darstellung)

Langfristig gesehen, sind die Ni-MH und die Li-Ionentechnologie beide in der Lage, die Kilometerkosten der Blei-Gel Batterie zu unterschreiten. Hinzu kommt, dass die Blei-Gel Batterie eine deutlich geringere Energiedichte aufweist und so zu erheblichen Mehrgewichten beim Fahrzeug führt. Deshalb kann es bereits heute vorteilhafter sein, Lithium-Ionen Batterien einzusetzen um akzeptable Reichweiten zu erreichen. Die Nickel-Metallhydridbatterie hat Energiedichten, die derzeit ca. 20% bis 30% unter denen der Lithium-Ionen Batterie liegen, bei gleichzeitig höheren Zellpreisen (Köhler, 2006, S.34.48). Deshalb ist fraglich, ob sich diese Technologie für Hochenergiezellen langfristig gegenüber Akkumulatoren auf Lithium-Ionen Basis durchsetzen kann.

Kapitel 6.2.4 - Fahrleistungen

In den vorherigen Untersuchungen wurde bereits anhand der unterschiedlichen Fahrprofile klar, dass die Variation der Jahresfahrleistung einen teilweise sehr großen Einfluss auf die Wirtschaftlichkeit eines Elektrofahrzeuges hat. Im Rahmen der Sensitivitätsanalyse wird eine Variation der Jahresfahrleistung zwischen 5.000 km/Jahr und 27.500 km/Jahr für alle Modelle durchgeführt. Die Ergebnisse sind in Abbildung 27 graphisch dargestellt. Es ist erkennbar, dass die Mobilitätskostenfunktion bei allen Modellen konkav verläuft und es bei gegebener Batteriegröße eine optimale Jahresfahrleistung gibt, für welche die Kosten im Verhältnis zum Benziner am geringsten sind bzw. der Kostenvorteil am größten ist. Für das Referenzfahrzeug ist dies eine jährliche Fahrstrecke von rund 15.000km. Unter diesen Bedingungen kann das ausgewählte Elektrofahrzeug mit den Eigentumsmodellen Batteriekauf, Batterieversicherung und Batterieleasing bereits zu heutigen Preisen ökonomisch konkurrenzfähig zu einem verbrennungsmotorischen Fahrzeug betrieben werden.

Abbildung 27: Mobilitätskosten in Abhängigkeit von der jährlichen Fahrleistung

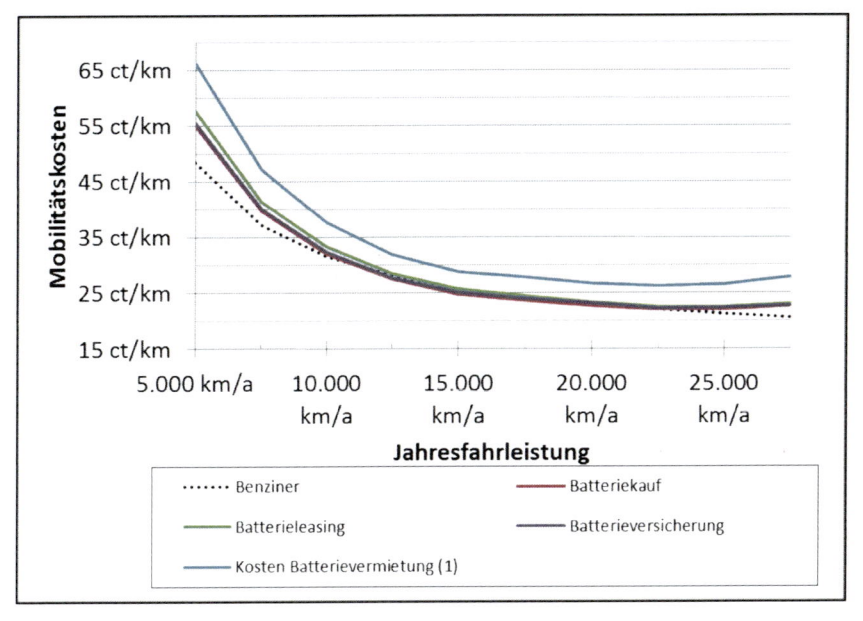

[Diagramm: Mobilitätskosten (ct/km) in Abhängigkeit von der Jahresfahrleistung (5.000 – 25.000 km/a) für die Varianten Benziner, Batteriekauf, Batterieleasing, Batterieversicherung und Kosten Batterievermietung (1)]

(1) Werte nahezu identisch mit dem Konzept der Batterievermietung + Wechselstationen

(Quelle: Eigene Berechnungen)

Es ist auch erkennbar, dass die Differenz zwischen dem Leasing und dem Kauf der Batterie (in der Grafik beinahe identisch mit der Batterieversicherung) mit steigender Fahrleistung abnimmt und bei sehr hohen Werten sogar nahe Null liegt. Dies bestätigt die Annahme, dass das Batterieleasing besonders für Vielfahrer geeignet ist. Der Abstand zwischen den Vermietmodellen und dem Batteriekauf bleibt beinahe konstant gleich. Dieser Umstand zeigt, dass die Variation der Fahrleistung keinerlei Kostenreduktion im Vergleich zu einer gekauften Batterie bewirkt.

Kapitel 6.2.5 - Batteriekapazität

Die Kapazität einer Batterie hat nicht nur direkten Einfluss auf die Reichweite eines Fahrzeuges, sondern auch auf die Gesamtkosten. Je größer die Batterie dimensioniert ist, desto höher ist der zu zahlende Preis. Zusätzlich hat die Kapazität aber auch Einfluss auf die Lebensdauer, denn eine hohe Entladetiefe verkürzt die verfügbare Zyklenzahl. Im Rahmen der Sensitivitätsanalyse wird daher untersucht, inwiefern die Kapazität Einfluss auf die Mobilitätskosten und somit die Wirtschaftlichkeit des Fahrzeuges hat. Es werden Kapazitäten zwischen 10 und 24 kWh verwendet, was Reichweiten von mindestens 86 km und maximal 207 km ermöglichen würde. Die detaillierten Ergebnisse sind in Anhang B für alle drei Fahrprofile aufgeführt. Anhand der Abbildungen wird deutlich, dass es für jedes Fahrprofil ein eigenes Optimum gibt, bei dem die Gesamtkosten am geringsten sind. Für den Berufstätigen in Vollzeit liegt dies bei ca. 18kWh. Eine Erhöhung der Batteriekapazität auf diesen Wert würde gegenüber den in den Berechnungen verwendeten 14kWh ca. 1ct/km Einsparung bedeuten. Auf die Gesamtfahrleistung bezogen würde dies rund 2500€ ausmachen. Für den Berufstätigen in Teilzeit liegt das Optimum bereits bei ca. 14 kWh. Für die Hausfrau/den Hausmann scheint es solch ein Optimum nicht mehr zu geben, die Kosten steigen durchweg linear an und sind bei der Kapazitätsuntergrenze von 10 kWh am geringsten. Bei dieser Batteriegröße zeigt sich, dass die Geschäftsmodelle Batteriekauf und Batterieversicherung bereits mit dem verbrennungsmotorischen Fahrzeug konkurrieren können. Eine weitere Steigerung der Wirtschaftlichkeit schiene durch eine zusätzliche Verkleinerung der Batterie möglich, würde aber die Reichweite außerhalb akzeptabler Werte bringen. Aus dieser Beobachtung lässt sich schließen, dass ab einer bestimmten Fahrleistungsmindestgrenze eine optimale Ausnutzung der Batterie nicht mehr gewährleistet werden kann, wie beim Fahrprofil des Wenigfahrers erkennbar.

Kapitel 6.2.6 - Risikoaufschläge

Die Risiken der Batteriehaltbarkeit und der Batterielebensdauer sind derzeit nur sehr schwer abzuschätzen, weil noch nicht genügend Erfahrungen in der Praxis gesammelt werden konnten. Die Ausfallraten und Lebensdauerverkürzungen wurden deshalb auch in dieser Studie nur sehr grob abgeschätzt. Diese Faktoren haben jedoch direkten Einfluss auf den Endkundenpreis, da der Anbieter auf Basis dieser Werte Risikoaufschläge berechnet. Aus diesem Grunde werden an dieser Stelle die Raten von Zellausfällen und frühzeitigem Kapazitätsverlust variiert. Die ausführlichen Ergebnisse sind in Anhang B dargestellt. Weil die Berechnungsansätze für die Risikoprämie zwischen der Batterieversicherung und des Batterieleasings unterschiedlich sind, ergeben sich dort teilweise auch eklatante Unterschiede. Die Höhe der Schadensfälle wird bei der Batterieversicherung auf Basis der aktuellen Werte geschätzt, beim Batterieleasing auf Basis von zukünftigen Werten. Dies hat den Hintergrund, dass die Versicherung den Restwert einer Batterie erstatten muss, die bei Vertragsabschluss erworben wurde. Der Leasinggeber hingegen kann kalkulieren, wie viel eine Batterie zum Zeitpunkt des frühzeitigen Lebensdauerendes kostet, da er die Batterie ersetzen muss und so zum dann gültigen Marktpreis einkaufen kann. Insgesamt sind die Leasinggebühren aber teurer als die Versicherungsprämien, weil noch Aufschläge für Verwaltung, Finanzierung und Gewinn hinzu kommen, die bei der Versicherung deutlich geringer sind.

Interessant wäre der Ansatz, eine Batterieversicherung im Komplettpaket mit einer Kaskoversicherung fürs Fahrzeug anzubieten. Hintergrund ist, dass die Versicherungsbeiträge für Elektrofahrzeuge geringer sind. Für das ausgewählte Referenzfahrzeug beträgt die Differenz rund 111 €. Tabelle 37 führt auf, wie hoch mögliche Zellausfallraten oder Lebensdauerverkürzungen sein dürften, damit eine Elektroautoversicherung inkl. Schutz der Batterie diese Differenz nicht übersteigt und der Kunde so maximal zwei identische Beitragssätze hätte. Der jeweils nicht variierte Faktor wurde bei den Basisannahmen belassen (Ausfallrate: 1/100 Zellen, Lebensdauerverkürzung: 20%/10 Zellen).

Tabelle 37: Mögliche Zellausfallraten und Lebensdauerverkürzungen bei Ausschöpfung der Kfz-Versicherungseinsparung

Fahrprofil	Zellausfallrate	Lebensdauerverkürzung
Berufstätiger Vollzeit	3/100 Zellen	22,6%/10 Zellen
Berufstätiger Teilzeit +Hausfrau/-mann	8/100 Zellen	33,4%/10 Zellen

(Quelle: Eigene Berechnungen)

Es ist erkennbar, dass bei dem Vielfahrer maximal 3 von 100 Zellen während der Batterienutzung ausfallen dürften, um einen gleichen Versicherungsbeitragssatz zu gewährleisten. Diese Quote ist bereits als sehr hoch anzusehen, denn die Referenzbatterie hat 27 Zellen und ist verhältnismäßig klein. Bei solch einer Quote wäre nur jede vierte Batterie ohne fehlerhafte Zelle. Die Lebensdauerverkürzung bei jeder zehnten Zelle dürfte maximal 22,6% betragen und liegt nur geringfügig über den Basisannahmen. Bei dem Berufstätigen in Teilzeit, dürften sogar acht von 100 Zellen ausfallen und die Versicherungsprämie wäre noch in gleicher Höhe zur konventionellen Kfz-Versicherung. Für die Referenzbatterie bedeutet dies, dass sie im Schnitt zwei defekte Zellen enthalten dürfte. Die Lebensdauerverkürzung hat einen sehr großen Einfluss auf die Höhe der Risikoprämien und sollte bei diesem Fahrprofil maximal 33,4% betragen. Insgesamt ist festzustellen, dass selbst bei sehr hohen Ausfallraten es noch möglich wäre, eine Batterieversicherung zumindest im direkten Vergleich mit einer Kfz-Versicherung konventioneller Antriebe konkurrenzfähig anbieten zu können.

Kapitel 6.3 - Handlungsempfehlungen

In diesem Kapitel sollen die Ergebnisse dieser Studie dazu dienen, die einzelnen Eigentumsmodelle in eine ganzheitliche Anwendungsstrategie einzuordnen. Die Vorstellung dieser Strategie im ersten Teil wird abgerundet durch die Benennung begleitender und unterstützender Maßnahmen am Ende des Kapitels.

Kapitel 6.3.1 - Entwicklung einer Anwendungsstrategie

Die Diskussion der Modellergebnisse in den vorherigen Kapiteln hat gezeigt, dass es kein Konzept gibt, welches die optimale Lösung darstellt. Vielmehr wird es in Zukunft darauf ankommen, die verfügbaren Modelle sinnvoll in Abhängigkeit von der Marktentwicklung zum richtigen Zeitpunkt einzusetzen. Abbildung 28 zeigt eine mögliche Anwendungsstrategie.

Der Batteriekauf stellt das derzeit kostengünstigste und am schnellsten umzusetzende Eigentumsmodell dar. Deshalb bietet es sich an, dieses Konzept im Rahmen einer Marktvorbereitung dem Kunden zur Verfügung zu stellen, damit dieser merkt, dass die Technologie bereits verfügbar ist. Angesprochen werden dadurch vor allem die sogenannten Early Adopters, Leute die sich für die Anwendung neuer Technologien interessieren und in diese trotz hoher Kosten investieren. Die Batterieversicherung bietet sich an, wenn die Technologie gerade dabei ist, in großem Maßstab in den Markt eingeführt zu werden. Risikoaverse Kunden können durch wenig Mehrkosten das Risiko der Haltbarkeit und des Restwertes auf einen Anbieter abwälzen, die hohen Initialkosten zu Beginn der Batterienutzung bleiben aber bestehen.

Abbildung 28: Einordnung der Eigentumsmodelle in eine einheitliche Anwendungsstrategie

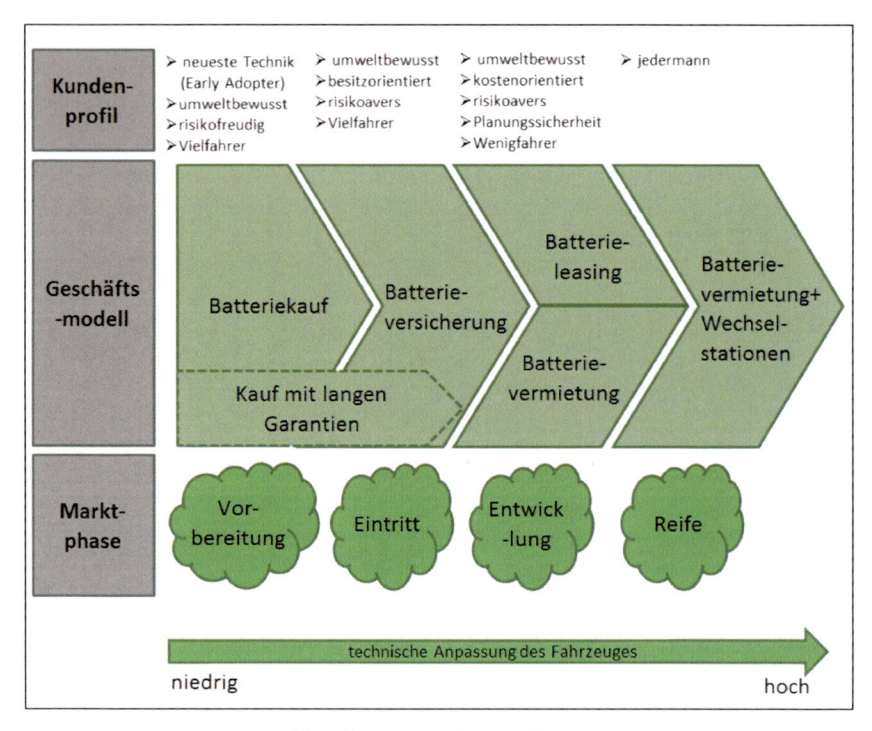

Kunden-profil	➢ neueste Technik (Early Adopter) ➢ umweltbewusst ➢ risikofreudig ➢ Vielfahrer	➢ umweltbewusst ➢ besitzorientiert ➢ risikoavers ➢ Vielfahrer	➢ umweltbewusst ➢ kostenorientiert ➢ risikoavers ➢ Planungssicherheit ➢ Wenigfahrer	➢ jedermann
Geschäfts-modell	Batteriekauf / Kauf mit langen Garantien	Batterie-versicherung	Batterie-leasing / Batterie-vermietung	Batterie-vermietung+ Wechsel-stationen
Markt-phase	Vor-bereitung	Eintritt	Entwick-lung	Reife

technische Anpassung des Fahrzeuges
niedrig → hoch

(Quelle: Eigene Darstellung)

Für eine breite Anwendung von Elektrofahrzeugen eignen sich das Batterieleasing und die Batterievermietung. Beide erhöhen die Kundenakzeptanz durch geringe Anzahlungen bei Nutzungsbeginn, gleichmäßige Ratenzahlungen und die Abwälzung des Haltbarkeits- und Restwertrisiko auf den Anbieter. Weil diese Modelle teilweise hohe Mehrkosten verursachen, können diese erst mittelfristig eingesetzt werden, wenn der Zell-- ausreichend gesunken ist um eine Wirtschaftlichkeit zu isten. Das Batterieleasing richtet sich an eine langjährige der Batterie. Die Batterievermietung wird nötig sein, um kurzfristige Nutzungsdauern zu überbrücken, bei denen eine langfristige Bindung an eine bestimmte Batterie wirtschaftlich nicht sinnvoll erscheint.

Die Batterievermietung mit Wechselstationen löst das Reichweitenproblem der Elektrofahrzeuge und minimiert gleichzeitig das getragene Risiko des Kunden. Es richtet sich somit nicht mehr an ganz bestimmte Gruppen, sondern könnte eine breite Nutzerschaft ansprechen. Jedoch sind die Mehrkosten im Vergleich zum Batteriekauf erheblich, weshalb dieses Modell erst sehr langfristig über das Jahr 2025 hinaus bei stark gesunkenen Zellpreisen eine Option für den Markt darstellen würde.

Kapitel 6.3.2 - Weitere Handlungsempfehlungen

Neben der Anwendung der einzelnen Geschäftsmodelle werden darüber hinaus folgende, begleitende Schritte empfohlen, um die Entwicklung und Wirtschaftlichkeit der Konzepte voranzutreiben:

> *Aufbau von Datenbanken über die Ausfallraten und Haltbarkeit von Lithium-Ionen Batterien in Elektrofahrzeugen*
>> Diese Datengrundlagen sind für die Entwicklung von Versicherungs- und Leasingangeboten nötig um Risikoaufschläge in Zukunft zuverlässig abschätzen zu können. Die Datensammlung kann durch Verbände, aber auch durch einzelne Firmen, durchgeführt werden.

> *Entwicklung von Fahrzeugen mit modularen Batteriegrößen*
>> Weil es für jedes Fahrprofil ein wirtschaftliches Optimum der Batteriekapazität gibt, bietet es sich an, in Zukunft Fahrzeuge mit verschiedenen Batteriegrößen zu vertreiben, je nach Bedarf des

Kunden. Die praktische Umsetzung solch eines Konzeptes wird bereits von der RWTH Aachen mit dem StreetScooter entwickelt (Dick, 2010).

➢ *Entwicklung von Simulationsprogrammen für ökonomische Analysen*

Die Entwicklung eines umfangreichen Simulationsprogramms ist zu empfehlen, welches das in dieser Arbeit entwickelte Kostenmodell implementiert. Im Rahmen dieser Studie konnten die Berechnungen nur mit einer Exceltabelle durchgeführt werden, was die Flexibilität und Variation der verschiedenen Einflussgrößen stark einschränkte.

Kapitel 6.4 - Kritische Einschätzung und offene Fragen

Die durchgeführten Berechnungen beruhen auf einer Vielzahl von Annahmen und Vereinfachungen, um den Rahmen dieser Studie einhalten zu können. Zusätzlich basieren die entwickelten Eigentumsmodelle lediglich auf theoretischen Überlegungen und setzen voraus, dass die Geschäftsmodelle der Automobilwirtschaft eins zu eins auf die Elektromobilität übertragen werden können. Im Folgenden soll anhand ausgewählter Punkte diskutiert werden, wo in der Praxis Schwierigkeiten bei der Umsetzung der Modelle entstehen könnten oder es zu Abweichungen zu den prognostizierten Ergebnissen kommen kann.

➢ Die Wirtschaftlichkeit der einzelnen Modelle wird in großem Maße von der Genauigkeit der Restwertbestimmung abhängen. Im Rahmen dieser Arbeit konnten lediglich lineare Abschreibungsraten angenommen werden. Für die Praxis ist aber zu erwarten, dass der Wertverlust der Batterien degressiv verläuft. Auch ist derzeit noch unklar, wie sehr die gefahrene Zyklenzahl als Maß für die Abnutzung einer Batterie geeignet ist.

➢ Ob überhaupt eine Notwendigkeit für die diskutierten Eigentumsmodelle bestehen wird, hängt auch davon ab, welche Art Elektrofahrzeuge sich in naher Zukunft durchsetzen wird. Derzeit kann nicht mit Sicherheit gesagt werden, ob sich sofort vollelektrische Antriebe etablieren. So bietet z.B. eine allmählich zunehmende Hybridisierung des Fuhrparks in Form von dieselelektrischen Antrieben bereits große Einsparpotenziale und könnte die Einführung vollelektrischer Fahrzeuge hinauszögern. Hybridfahrzeuge weisen keinen der Nachteile auf, die durch die Eigentumsmodelle kompensiert werden sollen. Die Batterien sind deutlich kleiner dimensioniert, was zu vergleichbar geringen Anschaffungskosten führt.

➢ Die Batterieversicherung weist einige Vorteile gegenüber den anderen Modellen auf und ist neben dem Batteriekauf, das einzige Konzept, welches sich für eine schnelle Umsetzung eignet. Es ist aber unklar, ob Versicherungsgesellschaften überhaupt in den Batteriemarkt einsteigen, wenn er nur sehr geringfügige Margen abwirft. Das Kfz-Versicherungsgeschäft war in den letzten Jahren durch sehr niedrige Gewinnmargen und in einigen Bereichen sogar von Verlusten geprägt (GDV, 2010, S.65). Eventuell sollten deshalb die Batterie- bzw. Fahrzeughersteller diese Lücke durch längere Garantiezeiten schließen.

➢ Die in dieser Arbeit behandelten Eigentumsmodelle beschränken sich alle auf die Batterie. Es ist aber auch denkbar, dass Modelle entwickelt werden, die das ganze

Fahrzeug involvieren. So könnte das Car Sharing eine Möglichkeit bieten, sich ohne große Risiken mit Elektrofahrzeugen vertraut zu machen. Darüber hinaus muss abgewartet werden, ob Kunden sich überhaupt darauf einlassen, Fahrzeug und Batterie als getrennte Einheiten zu betrachten. Diese Bereitschaft könnte umso mehr sinken, wenn in Zukunft die Batterien genauso lange halten wie die Fahrzeuge und damit jeder Wechsel einen unnötigen Zusatzaufwand bedeutet.

Literaturverzeichnis

A123 Systems (2010). Internetauftritt: www.a123systems.com. Aufgerufen am 22. 04. 2010.

ALD Lease Finanz GmbH. (2010). Internetauftritt: http://www.aldleasefinanz.de. Aufgerufen am 8. 07.2010.

Angerer, G., Marscheider-Weidemann, F., Wendl, M., Wietschel, M. (2009). *Lithium für Zukunftstechnologien: Nachfrage und Angebot unter besonderer Berücksichtigung der Elektromobilität.* Karlsruhe: Fraunhofer Institut für System- und Innovationsforschung (heruntergeladen unter: http://www.isi.fraunhofer.de/isi-de/n/download/publikationen/Lithium_fuer_Zukunftstechnologien.pdf am 22. 01. 2010)

Aral AG. (2010). Internetauftritt: http://www.aral.de/aral/subsection.do?categoryId=4001038&contentId=7048606. Aufgerufen am 30. 07. 2010.

Autokostencheck.de (2010). Internetauftritt: www.autokostencheck.de. Aufgerufen am 8. 07. 2010.

Balducci, A. (2010, 9.3.). *The role of the electrolyte in lithium-ion batteries.* Vortrag gehalten auf der „Drive-E Akadamie" 2010, Erlangen.

Batscap (2010). Internetauftritt: www.batscap.fr. Aufgerufen am 17.05. 2010.

Becker, T. A., Sidhu, I., Tenderich, B. (2009). *Electric Vehicles in the United States: A New Model with Forecasts to 2030.* Berkeley: University of California (heruntergeladen unter: http://cet.berkeley.edu/dl/CET_Technical%20Brief_EconomicModel2030_f.pdf am 25.03.2010)

Better Place. (2010). Internetauftritt: www.betterplace.com. Aufgerufen am 30.07. 2010.

Blesl, M., Bruchof, D., Hartmann, N., Özdemir, D., Fahl, U., Eltrop, L., Voß, A. (2009). *Entwicklungsstand und Perspektiven der Elektromobilität.* Stuttgart: Universität Stuttgart, Institut für Energiewirtschaft und Rationelle Energieanwendung

BMW AG. (2010). *Mini-E Pilotprojekt*. Internetauftritt: http://www.mini.com/de/de/mini_e/index.jsp. Aufgerufen am 4. 04.2010.

Boeckle, J. (2010). Internetauftritt: www.juergen-boeckle.de. Aufgerufen am 20.04.2010.

Bortz, J., Döring, N. (2003). *Forschungsmethoden und Evaluation für Human- und Sozialwissenschaftler*. Heidelberg: Springer

Boston Consulting Group [BCG]. (2010). *Batteries for electric cars: challenges, opportunities and the outlook to 2020*. Ohne Ort: The Boston Consulting Group (heruntergeladen unter: http://www.bcg.com/documents/file36615.pdf am 8. 01.2010)

Buchmann, I. (2005). Internetauftritt: www.batteryuniversity.com. Aufgerufen am 22.04.2010.

Bundesregierung (2008). *Sachstand und Eckpunkte zum Nationalen Entwicklungsplan Elektromobilität*. (Bericht über die Nationale Strategiekonferenz Elektromobilität vom 25. bis 26. November 2008 in Berlin). (heruntergeladen unter: http://www.elektromobilitaet2008.de/konferenz/sachstand-und-eckpunkte-des-nationalen-entwicklungsplans/at_download/file am 23.07.2009)

Build Your Dreams [BYD]. (2010). Internetauftritt: www.byd.com. Aufgerufen am 17. 05.2010

Bundesministerium für Wirtschaft und Technologie [BMWi]. (2010). *Energiestatistiken*. Internetauftritt: http://www.bmwi.de/BMWi/Navigation/Energie/Statistik-und-Prognosen/energiedaten.html. Aufgerufen am 10. 04.2010.

Brooker, A., Thornton, M., Rugh, J. (2010). *Technology Improvement Pathways to Cost-Effective Vehicle Electrification*. Ohne Ort: National Renewable Energy Laboratory (heruntergeladen unter: http://www.nrel.gov/docs/fy10osti/47454.pdf am 30.05.2010)

Canzler, W. (2003). „New Mobility"- Hohle Phrase oder Geschäftsfeld der Zukunft? Chancen und Barrieren neuer Nutzungsformen des Automobils. In Canzler, W., Schmidt, G. (Hrsg.), *Das zweite Jahrhundert des*

Automobils: Technische Innovationen, ökonomische Dynamik und kulturelle Aspekte (S.125-140). Berlin: Edition Sigma

Chevrolet (2010). *Acht Jahre und 100.000 Meilen-Garantie auf Chevrolet Volt Batterien.* Internetauftritt: http://www.chevrolet.de/chevrolet-erleben/neuigkeiten/2010/neuigkeiten-2010-overview-news/news-details-2010-39.html. Aufgerufen am 25. 07.2010.

Citysax Mobility GmbH. (2010). Internetauftritt: http://www.citysax.com. Aufgerufen am 3.03.2010.

Daparto.de. (2010). Internetauftritt: http://www.daparto.de. Aufgerufen am 20. 07.2010.

DAT-Report (2010). *DAT-Report 2010.* Würzburg: Vogel Media (heruntergeladen unter: http://www.kfz-betrieb.vogel.de/index.cfm?pid=7220&y=2010 am 26.05.2010)

Dick, C. (2010, 10.3.). *StreetScooter-ein modulares e-Fahrzeugkonzept.* Vortrag gehalten auf der „Drive-E Akademie" 2010, Erlangen.

Diez, W. (2003). Marktentwicklung und Vertriebsstrategien. In Canzler, W., Schmidt, G. (Hrsg.), *Das zweite Jahrhundert des Automobils: Technische Innovationen, ökonomische Dynamik und kulturelle Aspekte, Berlin* (S.43-62). Berlin: Edition Sigma

Diez, W., (2009). *Automobil-Marketing: Navigationssystem für neue Absatzstrategien.* Landsberg am Lech: Moderne Industrie

Europäische Komission (2010a). *The EU climate and energy package.* Internetauftritt: http://ec.europa.eu/environment/climat/climate_action.htm. Aufgerufen am 10.08.2010.

Europäische Komission (2010b). *Reducing CO2 emissions from light-duty vehicles.* Internetautritt: http://ec.europa.eu/environment/air/transport/co2/co2_home.htm. Aufgerufen am 10.08.2010.

Europcar (2010). Internetauftritt: http://www.europcar.de. Aufgerufen am 30.07.2010.

Gaines, L., Cuenca, R. (2000). *Costs of lithium-ion batteries for vehicles.* Argonne, Illinois: Argonne National Laboratory (heruntergeladen unter: http://www.transportation.anl.gov/pdfs/TA/149.pdf am 22. 01.2010)

Gesamtverband der Deutschen Versicherungswirtschaft [GDV] (Hrsg.). (2009). *Statistisches Taschenbuch der Versicherungswirtschaft 2009.* Berlin: Gesamtverband der Deutschen Versicherungswirtschaft e.V.

Gemeinsames Rücknahmesystem Batterien [GRS]. (2010). *Jahresbericht 2009: Erfolgskontrolle und Batteriegesetz.* Hamburg. (heruntergeladen unter: http://www.grs-batterien.de/grs-batterien/zahlen-und-fakten.html am 19. 05.2010)

Hannig, F., Smolinka, T., Bretschneider, P., Nicolai, S., Krüger, S., Meißner, F., Voigt, M. (2009). *Stand und Entwicklungspotenzial der Speichertechniken für Elektroenergie –Ableitung von Anforderungen an und Auswirkungen auf die Investitionsgüterindustrie.* (BMWi-Auftragsstudie 08/28). ohne Ort: Fraunhofer Institut für Solare Energiesysteme, Fraunhofer Anwendungszentrum für Systemtechnik, VKPartner Consulting GmbH. (heruntergeladen unter http://www.bmwi.de/BMWi/Redaktion/PDF/Publikationen/Studien/speichertechniken-elektroenergie,property=pdf,bereich=bmwi,sprache=de,rwb=true.pdf am 3. 02.2010)

Helm, R., Steiner, M. (2008). *Präferenzmessung: Methodengestützte Entwicklung zielgruppenspezifischer Produktinnovationen.* Stuttgart: Kohlhammer

IG Metall Küste. (2010). *Metallnachrichten für die Beschäftigten des Kfz-Handwerks in Hamburg.* Ausgabe 3/Juni 2010. (heruntergeladen von: http://netkey40.igmetall.de/homepages/vst_hamburg/hochgeladenedateien/tarif/kfz/Kfz_Aktuell_5-2010.pdf am 25.07.2010)

Institut für angewandte Sozialforschung [Infas], Deutsches Zentrum für Luft- und Raumfahrt [DLR]. (2010). *Mobilität in Deutschland 2008. Ergebnisbericht: Struktur – Aufkommen – Emissionen – Trends.* Bonn: Bundesministerium für Verkehr, Bau und Stadtentwicklung. (heruntergeladen unter: http://www.mobilitaet-in-deutschland.de/pdf/MiD2008_Abschlussbericht_I.pdf am 20.07. 2010)

International Energy Agency [IEA]. (2008). *World Energy Outlook 2008.* Paris: International Energy Agency. (heruntergeladen unter: http://www.iea.org/textbase/nppdf/free/2008/weo2008.pdf am 15.05.2010)

Iseki-Maschinen GmbH. (2010). Internetauftritt: http://www.iseki.de/products/mega/e-city-neu. Aufgerufen am 5.07.2010.

Kalhammer, F. R., Bruce, M.K., Swan, D. H., Roan, V. P., Walsh, M.P. (2007). *Status and Prospects for Zero Emissions Vehicle Technology.* (Report of the ARB Independent Expert Panel 2007). Sacramento, California: State of California Air Ressources Board. (heruntergeladen unter: http://www.spinnovation.com/sn/Batteries/zev_panel_report.pdf am 25.02.2010)

Kfz-Steuer.de. (2010). Internetauftritt: www.kfz-steuer.de. Aufgerufen am 5.07.2010

Köhler, U. (2006). Elektrische Antriebssysteme - Batterien für Elektro- und Hybridfahrzeuge. In Naunin, D. (Hrsg.), *Hybrid-, Batterie- und Brennstoffzellen-Elektrofahrzeuge: Technik, Strukturen und Entwicklungen* (S.34-48). Renningen: Expertverlag

Lautlos durch Deutschland GmbH. (2010). Internetpräsenz: www.lautlos-durch-deutschland.de. Aufgerufen am 30.07.2010.

Lunz, D. (2010, 18.2.). *Technologie und Auslegung von Batteriesystemen für die Elektromobilität.* Vortrag gehalten auf der Solarmobility 2010, Berlin.

Lützenkirchen, H.P. (2000). Das Kraftfahrzeug-Leasing in Deutschland. In Eckstein, W., Feinen, K. (Hrsg.), *Leasing-Handbuch für die betriebliche Praxis* (S.231-250). Frankfurt: Knapp

März, M. (2010a, 8.3.). *Mobilität von morgen: Herausforderungen, Fakten, Perspektiven, Szenarien.* Vortrag gehalten auf der „Drive-E Akademie" 2010, Erlangen.

Matthies, G., Stricker, K., Traenckner, J. (2010). *Zum E-Auto gibt es keine Alternative.* München: Bain und Company

Mathoy, A. (2008). *Die Entwicklung bei Batterien und Antriebstechnik für Elektroautomobile: Bescheren die neuesten Fortschritte im Batteriesektor und in der elektrischen Antriebstechnik dem Elektroautomobil eine grosse Zukunft?*

Bulletin SEV/VSE, 2008, 1: 8-13 (heruntergeladen unter: http://www.park-charge.ch/documents/0801Mathoy.pdf am 12. 01.2010)

Mayer, J. (2010a, 17.2.). *Elektromobilität und Erneuerbare Energien.* Vortrag gehalten auf der Solarmobility 2010, Berlin

Mayer, H.W. (2010b, 25.6.). Auch Stromer müssen die TÜV-Hauptuntersuchung bestehen. *VDI Nachrichten,* S.13.

Mobile.de. (2010). Internetauftritt: http://www.mobile.de/fahrzeugtypen/kleinwagen/. Aufgerufen am 1. 06.2010

Neupert, U., Euting, T., Kretschmer, T., Notthoff, C., Ruhlig, K., Weimert, B. (2009). *Energiespeicher: Technische Grundlagen und energiewirtschaftliches Potenzial.* Euskirchen: Fraunhofer-Institut für Naturwissenschaftlich-Technische Trendanalysen. (heruntergeladen unter http://publica.fraunhofer.de/eprints/urn:nbn:de:0011-n-897426.pdf am 19. 04.2010)

Oil companies' European association for environment, health and safety in refining and distribution [Concawe]. (2008). *Well-to-wheels analysis of the future automotive fuels and powertrains in the European context. Appendix 1.* Ohne Ort: Institute for Environment and Sustainability of the EU Commission's Joint Research Centre (heruntergeladen unter: http://ies.jrc.ec.europa.eu/WTW am 20.06.2010)

Reinking, K., Eggert, C. (2003). *Der Autokauf: Rechtsfragen beim Kauf neuer und gebrauchter Kraftfahrzeuge sowie beim Leasing.* Köln: Werner

Rieß, M. (2005). *Rentabilitäts- und Risikosteuerung in Pkw-Leasinggesellschaften.* Sternenfels: Wissenschaft und Praxis.

Roland Berger. (2008). *Automotive Insights.* (2/2008). München: Roland Berger Strategie Consultants

RWE AG. (2010). Internetauftritt: www.rwe-mobility.com. Aufgerufen am 17. 05.2010

Schubert, F. (2010, 1.4.). Preissprünge an der Tankstelle. *Frankfurter Rundschau.* (heruntergeladen unter: http://www.fronline.de/wirtschaft/energie/preisspruenge-an-der-tankstelle/-/1473634/2765234/-/index.html am 20.07. 2010)

Sixt AG. (2010). *Geschäftsbericht 2009*. Pullach: Sixt AG.

Sternad, M., Cifrain, M., Watzenig, D., Brasseur OVE, G., Winter, M. (2009). *Condition monitoring of Lithium-Ion Batteries for electric and hybrid electric vehicles*. Elektrotechnik und Informationstechnik, 2009, 126/5: 186-193

Stockmann, R. (2007). *Handbuch zur Evaluation: Eine praktische Handlungsanleitung*. Münster: Waxmann

Stolz, E. (2010, 18.2.). *Park und Charge*. Vortrag gehalten auf der Solarmobility 2010, Berlin.

Tesla Motors. (2010). Internetauftritt: http://www.teslamotors.com. Aufgerufen am 16.03.2010.

Trueb, L. F., Rüetschi, P. (1997). *Batterien und Akkumulatoren: Mobile Energiequellen für heute und morgen*. Heidelberg: Springer

Tübke, J. (2010, 9.3.). *Energiespeicher für Elektrofahrzeuge- Trends und Perspektiven*. Vortrag gehalten auf der „Drive-E Akademie" 2010, Erlangen.

TÜV Süd AG. (2010). Internetauftritt: http://www.tuev-sued.de/auto_fahrzeuge/hauptuntersuchung_und_abgasuntersuchung/4_preise/hamburg. Aufgerufen am 20.7.2010

U.S. Department of Energy [DOE]. (2009). *Progress report for energy storage research and development*. Washington D.C.: U.S. Department of Energy (heruntergeladen unter: http://www1.eere.energy.gov/vehiclesandfuels/pdfs/program/2008_energy_storage.pdf am 26.02.2010)

Vincentric Inc. (2010). Internetauftritt: http://www.vincentric.com/Home/IndustryReports.aspx. Aufgerufen am 13. 05. 2010.

Volkswagen [VW]. (2010). Internetauftritt: http://www.volkswagen.de/vwcms/master_public/virtualmaster/de3/modelle/polo.html. Aufgerufen am 1.06.2010.

Volkswagen [VW]. (2009). *Wartungsplan VW Polo V.* (Benutzerhandbuch VW Polo). Wolfsburg: Volkswagen AG

Volkswagenbank. (2010). Internetauftritt: http://www.volkswagenbank.de . Aufgerufen am 15.07.2010.

Wallentowitz, H., Freialdenhoven, A., Olschewski, I. (2010). *Strategien zur Elektrifizierung des Antriebsstranges. Technologien, Märkte und Implikationen.* Wiesbaden: Vieweg und Teubner

Warrier, D., Osborne, J., Odama, Y. (2009). *The race of the electric car: a comprehensive guide to battery technologies and market development.* Ohne Ort: Thomas Weisel Partners.

Wietschel, M., Kley, F., Dallinger, D. (2009). Eine Bewertung der Ladeinfrastruktur für Elektrofahrzeuge. *Zeitschrift für die gesamte Wertschöpfungskette Automobilwirtschaft,* 3/2009, 11-19.

Wirtschaftsministerium Baden-Württemberg [WM-BW], Fraunhofer-Institut für Arbeitswirtschaft und Organisation [IAO], Wirtschaftsförderung Region Stuttgart GmbH [WRS] (Hrsg.) (2010). *Strukturstudie BWe mobil: Baden-Württemberg auf dem Weg in die Elektromobilität.* Ohne Ort. (heruntergeladen unter: http://wrs.region-stuttgart.de/sixcms/media.php/923/Strukturstudie_BWe_Mobil.pdf am 10.02.2010)

Yoshio, M., Brodd, R., Kozawa, A. (2009). *Lithium-ion batteries.* Heidelberg: Springer

Zentralverband Deutsches Kraftfahrzeuggewerbe. (2010). *Jahresbericht 2009.* Bonn: Wirtschaftsgesellschaft des Kraftfahrzeuggewerbes. (heruntergeladen unter: http://www.kfzgewerbe.de/fileadmin/user_upload/ZDK/ZDK%20Jahresbericht%202009_scr.pdf am 25.07.2010)

Zschech, D. (2010, 9.3.). *CERIO Technologie für Elektro- und Hybridfahrzeuge.* Vortrag gehalten auf der „Drive-E Akademie" 2010, Erlangen.

Zweifel, P., Eisen, R. (2002). *Versicherungsökonomie.* Heidelberg: Springer.

Anhang

Anhang A - Entwicklung des Total-Cost-of-Ownership Models

In diesem Kapitel werden die einzelnen Kostenpositionen des Referenzfahrzeuges hergeleitet, die den Wirtschaftlichkeitsberechnungen zugrunde liegen. Die Ermittlung der Kosten lehnt sich dabei an das Total-Cost-of-Ownership Modell aus Kapitel 3.3.1 an. Alle Kostenpositionen beziehen sich auf das Referenzjahr 2010.

Anhang A.1 - Fahrzeug- und Antriebsstrangkosten

Der Anschaffungspreis einer Antriebstechnologie bestimmt maßgeblich deren Wirtschaftlichkeit und auch die Kaufentscheidung des Kunden. Der preisliche Unterschied zwischen dem verbrennungsmotorischen und dem elektrischen Referenzfahrzeug wird durch die Kosten für den Antriebsstrang und den Energiespeicher festgelegt. Im Folgenden sollen die Investitionskosten für das komplette Fahrzeug aufgeschlüsselt werden. Für die Berechnung der Antriebsstrang- und Fahrzeugkosten werden zuerst die Kosten des konventionellen Antriebs untersucht.

In Tabelle 38 sind die wichtigsten Komponenten mit Preisen aufgeführt, die bei einem Elektrofahrzeug entfallen. Alle Preise basieren auf der Tank-to-Wheel-Studie, die unter Beteiligung verschiedener europäischer Institute erstellt wurde (Oil companies' European association for environment, health and safety in refining and distribution [Concawe], 2008). Zentrale Annahme der Studie ist, dass die produzierten Mengen der jeweiligen Komponenten mindestens 50.000 pro Jahr betragen. Der komplette Fahrzeugpreis inklusive Mehrwertsteuer ist der von Volkswagen angegebene Listenpreis. Dem Preis für Ottomotor samt Getriebe liegen spezifische Kosten von 30€/kW zugrunde. Für die Ausführung eines Euro IV Motors wurden in der Studie zusätzliche Kosten von 300€ angegeben (Concawe, 2008, S.3). Da der Ottomotor des VW Polo der Euro V Norm entspricht, können die Mehrkosten eventuell leicht höher liegen. Neben dem reinen Motor müssen im Gegensatz zum Elektroauto auch Lichtmaschine und Starter installiert sein. Die dafür anfallenden Kosten werden mit 300€ veranschlagt, der Kraftstofftank wird mit 125€ bewertet (Concawe, 2008, S.3). Anhand der aufgeführten Komponentenkosten und dem Fahrzeugpreis wird der reine Karosseriepreis des VW Polo errechnet. Alle anderen Ausstattungs- und Komfortmerkmale werden als bei beiden Antriebsarten identisch angenommen. Als Preis für die Karosserie ergeben sich so rund 7.840€.

Tabelle 38: Kosten des konventionellen Antriebsstranges inkl. Fahrzeug

Kostenposition	Konventioneller Antrieb
Ottomotor + Getriebe gesamt	1.320,00 €
EURO IV Otto-Motor	300,00 €
3-Wege Katalysator	430,00 €
konventioneller Starter und Generator	300,00 €
Kraftstofftank	125,00 €
Karosserie	7.840,13 €
Fahrzeug exkl. MwSt	10.315,13 €
Fahrzeug inkl. MwSt[1]	**12.275,00 €**

[1]Listenpreis VW Polo Trendline 44kW

(Quelle: Concawe, 2008, S.3; VW, 2010)

Der Preis für die Karosserie ist die Grundlage für die Berechnung der Kosten des batterieelektrischen Fahrzeuges. Die relevanten Kostenpositionen sind in Tabelle 39 aufgeführt. Dem

Preis für den Elektromotor samt Motorsteuerung liegt ein spezifischer Preis von 27€/kW zugrunde (Concawe, 2008, S.3). Die Kosten für das Batteriemanagementsystem werden in Abhängigkeit der Batteriegröße errechnet, da der Aufwand mit der Anzahl der Zellen steigt. Der ermittelte Wert von 540€ basiert auf spezifischen Kosten von 20€/Zelle. In dem hier angenommenen Batteriemanagementsystem ist bereits das Ladegerät integriert. Kosten für den nötigen Gleichspannungswandler werden mit 300€ berücksichtigt (Blesl et al.,2009, S.29). Diese Komponenten bilden zusammen den elektrischen Antriebsstrang und die Leistungselektronik, mit Kosten von insgesamt 1650€. Zusammen mit dem Preis für die Karosserie ergibt sich ein Preis von 9490€. Gegenüber dem konventionellen Antriebsstrang werden so rund 825€ eingespart.

Tabelle 39: Kosten des batterieelektrischen Antriebsstranges inkl. Fahrzeug

Kostenposition	Wert
Motor+Motorsteuerung gesamt	810,00 €
BMS inkl. Ladegerät gesamt	540,00 €
Gleichspannungswandler	300,00 €
Antriebsstrang und Leistungselektronik gesamt	1.650,00 €
Karosserie	7.840,13 €
Fahrzeug ohne Batterie	9.490,13 €
Batterie gesamt ohne BMS[1]	7.120,12 €
Fahrzeug mit Batterie	16.610,25 €
Fahrzeug mit Batterie inkl. MwSt	**19.766,20 €**
Einsparung Antriebsstrang gegenüber Benziner	-825,00 €
Nettomehrkosten gegenüber Benziner	+6.295,12 €

[1] Preis inkl. 18% Händlermarge

(Quelle: Eigene Berechnungen mit Daten aus Concawe, 2008, S.3; Blesl et al., 2009, S.29; A. Schwabedissen, persönl. Mitteilung vom 24.6.2010)

Die Batteriekosten basieren auf dem ermittelten Referenzpreis aus Kapitel 3.3.3, den jeweiligen Batteriekapazitäten, sowie einer 18% Händlermarge. Diese Marge repräsentiert den üblichen Aufschlag von Fahrzeughändlern und muss mit berücksichtigt werden, da diese auch im Fahrzeugpreis bereits enthalten ist (Diez, 2003, S.55). Insgesamt ergibt sich so ein Komplettpreis von 19.766,20 € für den Endkunden. Dies sind im Vergleich zum Fahrzeug mit Verbrennungsmotor bereits Mehrkosten von knapp 38% vor Steuern gegenüber dem Benziner.

An dieser Stelle soll auch erwähnt werden, dass das oben genannte Preisniveau für Elektroautos nur bei einer direkt in den Produktionsprozess des Fahrzeuges integrierten Ausrüstung möglich ist. Bei einer nachträglichen Umrüstung des Fahrzeuges sind die Kosten vor allem aufgrund des größeren Personalaufwandes deutlich höher. In Tabelle 40 sind Listenpreise am Markt verfügbarer elektrischer Kleinwagen (Stand 2010) aufgelistet, die in Größe und Ausstattung dem in dieser Arbeit gewähltem Referenzfahrzeug ähneln. Es ist erkennbar, dass nur der Tazzari Zero und der eCity ungefähr auf dem gleichen Preisniveau liegen. Beide Fahrzeuge sind eigens entwickelte Purpose-Design-Konzepte, die bereits ab Werk mit dem elektrischen Antriebsstrang ausgerüstet werden. Der Stromos und der Citysax sind umgerüstete Basismodelle großer Autohersteller, in die erst nachträglich alle Komponenten eingebaut werden. Beide sind deutlich teurer, der Stromos mit 42.000€ sogar fast doppelt so teuer wie das Referenzfahrzeug.

Tabelle 40: Listenpreise am Markt verfügbarer Elektroautos im Kleinwagensegment (Stand 2010)

Fahrzeug	Preis inkl. MwSt.
Tazzari Zero	23.900 €[1]
eCity	19.985 €[1]
Stromos	41.990 €[2]
CitySax	31.211 €[2]

[1] Abholpreis ab Händler
[2] Abholpreis ab Werk

(Quelle: Lautlos durch Deutschland, 2010; CitySax Mobility GmbH, 2010; Iseki-Maschinen GmbH, 2010)

Dennoch zeigt die Tabelle, dass der errechnete Preis für das Referenzfahrzeug bereits heutzutage selbst für Kleinserien durchaus realistisch ist, wenn integrierte Fertigungskonzepte verfolgt werden.

Anhang A.2 - Finanzierungskosten, Opportunitätskosten und Wertverlust

Neben den im vorherigen Kapitel beschriebenen Anschaffungskosten für das Fahrzeug und die Batterie fallen in der Regel für den Kunden zusätzliche Kosten an, die direkt mit dem Fahrzeugkauf zusammenhängen. So sind zum Beispiel Finanzierungskosten einzukalkulieren, wenn der Kunde zum Zeitpunkt des Fahrzeugkaufes den Kaufpreis nicht in voller Höhe bezahlen kann. Im Jahre 2009 betrug der durchschnittliche Anteil der Kreditfinanzierung beim Neuwagenkauf 30,4%. Da 6% der Kaufsumme aus der Umweltprämie gedeckt wurden, diese aber bereits ausgelaufen ist, werden die 6% ebenso der Kreditfinanzierung zugerechnet (DAT-Report, 2010, S.26). Somit wird für die Berechnung der Darlehenssumme eine Anzahlung für das Fahrzeug von 63,6% angenommen. Die weiteren Eckdaten für die Fahrzeug- und Batteriefinanzierung sind in Tabelle 41 aufgeführt. Alle Angaben beruhen auf den Konditionen der Volkswagenbank für das Referenzfahrzeug.

Tabelle 41: Finanzierungskonditionen für das Referenzfahrzeug

Anzahlung Fahrzeug	63,6 %
Laufzeit Fahrzeug	48 Monate
Effektiver Jahreszins	3,9 %
Anzahlung Batterie	25%
Laufzeit Batterie	36 Monate

(Quelle: Volkswagenbank, 2010; DAT-Report, 2010, S.26)

Für die Batteriefinanzierung werden bis auf die Anzahlungshöhe und die Laufzeit alle für das Fahrzeug geltenden Konditionen übernommen. Die Anzahlung der Batteriefinanzierung wird mit 25% angesetzt, der Mindestanzahlung bei einer Fahrzeugfinanzierung der VW Bank (Volkswagenbank, 2010). Der höhere Kreditanteil wird damit begründet, dass die Batteriekosten beim Elektroautokauf 38% Mehrkosten im Vergleich zum Referenzfahrzeug mit Ottomotor führen. Diesen zusätzlichen Finanzierungsbedarf wird der Kunde im Normalfall dann nur noch über eine vollständige Fremdfinanzierung, wie zum Beispiel der Inanspruchnahme eines Krediten, decken können. Für die Laufzeit der Batteriefinanzierung werden 36 Monate zugrunde gelegt, da die Batterielebensdauer bei intensiver Nutzung deutlich kürzer als die eines Fahrzeuges sein kann.

Zur Berechnung der Opportunitätskosten wird unter Berücksichtigung von Inflationsraten ein kalkulatorischer Zinssatz von 3% angenommen. Der Opportunitätskostenansatz berücksichtigt kalkulatorische Verluste die dadurch entstehen, dass der Kunde das Geld statt der Fahrzeuginvestition auf ein Bankkonto einzahlen könnte und so Zinsen erhalten würde.

Die Abschreibung der Batterie wird in Abhängigkeit des jeweiligen Fahrprofils vorgenommen, da die Jahresfahrleistung einen sehr hohen Einfluss auf die Lebensdauer der Zellen hat. Wenn die Zellen jedoch nach dem Lebenszyklusmodell länger als zehn Jahre halten, wird die Abschreibungsdauer auf maximal zehn Jahre begrenzt, da dies das derzeit maximal erreichbare kalendarische Alter von Lithiumbatterien darstellt (Kalhammer et al., 2007, S.29). Liegt die Nutzungsdauer unter 10 Jahren wird die Abschreibung der Batterien vereinfachend linear angenommen, da die Wertminderung der Batterie von der Zahl der bereits durchgeführten Zyklen abhängt. Ein genaueres Restwertmodell, welches die vielen weiteren beeinflussenden Faktoren berücksichtigt, steht derzeit leider noch nicht zur Verfügung. Wird eine Ersatzbatterie kurz vor Fahrzeugnutzungsende benötigt, dann wird nur der anteilige Betrag bis zum Ende der Fahrzeugnutzung abgeschrieben, weil davon ausgegangen wird, dass die Batterie weiterverkauft werden kann bzw. vom Händler zum kalkulierten Restwert zurückgenommen wird. Der Wertverlust des Fahrzeuges wird nicht gesondert berücksichtigt, da das Fahrzeug über seine gesamte Lebensdauer betrachtet wird.

Anhang A.3 - Treibstoffkosten

Die häufig größte Position der Fahrzeugbetriebskosten bilden die Treibstoffkosten. Jedoch gehört die Prognose der zukünftigen Benzin- und Strompreisentwicklung zu den größten Unsicherheitsfaktoren der Wirtschaftlichkeitsberechnung. Besonders der Rohölpreis unterlag in der Vergangenheit immer wieder großen Schwankungen ausgelöst durch unterschiedlichste Ereignisse auf dem Weltmarkt oder Finanzspekulationen. Da Elektrofahrzeuge durch den hohen Wirkungsgrad des Antriebes deutlich geringere Stromkosten pro Kilometer verursachen und der Strompreis nicht unmittelbar an den Ölpreis gekoppelt ist, beeinflusst der zukünftige Benzinpreis die Wirtschaftlichkeit von Elektrofahrzeugen in hohem Maße. Deshalb kann es auch passieren, dass in einigen Ländern der Welt aufgrund hoher Benzinpreise und sehr geringer Stromkosten sich Elektroautos bereits deutlich früher rentieren als zum Beispiel in Deutschland. Dieser Einfluss verschiedener Ölpreisniveaus wird in der Sensitivitätsanalyse in Kapitel 6.2 untersucht.

In dieser Studie wird eine moderate Ölpreisentwicklung basierend auf dem World Energy Outlook 2008 der Internationalen Energieagentur angenommen (IEA, 2008, S.68). Die Ergebnisse wurden bereits in Tabelle 9 des Kapitels 3.3.4 dargestellt. Die Endverbraucherpreise für den Liter Benzin werden anhand der aktuell geltenden Energie- und Mehrwertsteuersätze sowie durschnittlicher Händlermargen ermittelt. Die Preise zwischen den Fünf-Jahresabständen werden in der Betriebskostenrechnung interpoliert. Für den Benzinpreis sowie auch für den Strompreis wird angenommen, dass die Höhe der derzeitigen Besteuerung nicht weiter verändert wird. Dies ist vor allem für den Strompreis fraglich, falls es zu einem hohen Marktanteil von Elektrofahrzeugen kommen sollte. Denn der Staat wird die Verluste in der Energiesteuer, die aufgrund geringeren Benzinverbrauchs entstehen, durch eine Fahrstrombesteuerung ausgleichen müssen. Ab welchem Zeitpunkt und in welcher Höhe dies geschieht, kann jedoch derzeit nicht eingeschätzt werden und wird somit nicht weiter berücksichtigt.

Die verwendeten Strompreise sind auf Basis von Durchschnittswerten der letzten zehn Jahre in Deutschland linear extrapoliert. Die Entwicklung der Preise sowie die verwendete Trendfunktion sind in Abbildung 29 dargestellt.

Abbildung 29: Ermittlung zukünftiger Strompreise auf Basis von Vergangenheitswerten

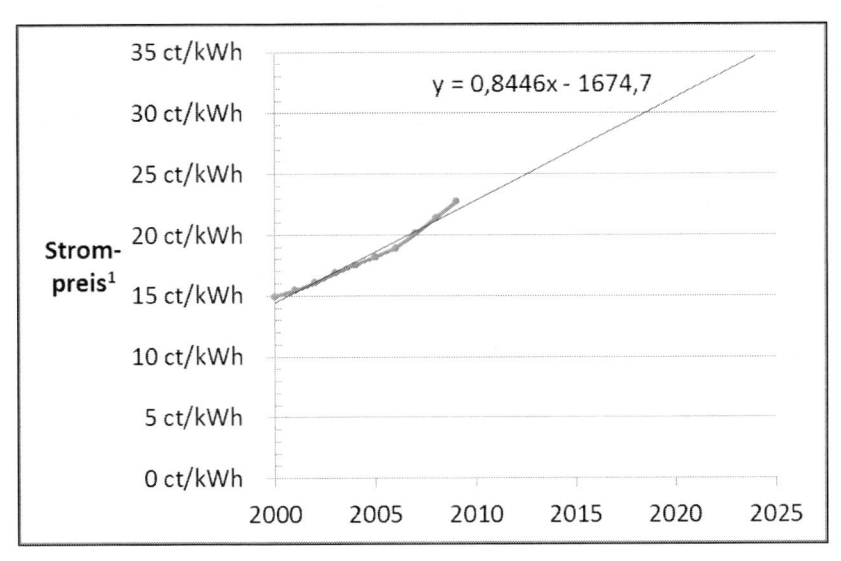

[Diagramm: Strompreis¹ in ct/kWh von 2000 bis 2025, mit Trendlinie $y = 0{,}8446x - 1674{,}7$]

[1] Preise für Tarifabnehmer (bei einer Abgabemenge von 325 kWh pro Monat), inkl. Ausgleichsabgabe, Stromsteuer und Mehrwertsteuer

(Quelle: BMWi, 2010)

Zu erwähnen ist, dass neben einer eventuell erhöhten Besteuerung der Strompreis auch durch zusätzliche Kosten eines flächendeckenden Infrastrukturausbaus steigen kann. So bietet der Konzern RWE bereits an, monatliche Beiträge zu zahlen, um dessen Ladesäulen im öffentlichen Raum nutzen zu können. Zukünftig könnten diese Monatsbeiträge direkt auf spezielle Fahrstromtarife umgelegt werden. In dieser Arbeit werden solche Kosten nicht berücksichtigt, da ein Großteil der Fahrer derzeit keine öffentlichen Ladesäulen benötigt und sich solche Ladekonzepte selbst auf lange Sicht nicht wirtschaftlich darstellen lassen (Stolz, 2010).

Anhang A.4 - Kosten für Steuern, Versicherungen & Gebühren

Aufgrund gesetzlicher Bestimmungen muss jeder Fahrzeughalter in Deutschland einen bestimmten Versicherungsschutz für sein Auto nachweisen sowie eine Steuerabgabe leisten und regelmäßig technische Untersuchungen von offiziellen Prüfstellen durchführen lassen. In diesem Kapitel sollen die dafür anfallenden Kosten für das gewählte Referenzfahrzeug aufgeführt werden. In Tabelle 42 sind die ermittelten Werte für den verbrennungsmotorischen und den elektrischen Antriebsstrang dargestellt.

Tabelle 42: Jährliche Steuersätze, Versicherungsprämien und Gebühren für das Referenzfahrzeug (Stand 2010)

Kenndaten	Benziner	Elektroauto
durchschnittliche KFZ Steuer	40,00 €/Jahr	26,25 €/Jahr
Gebühren für HU und AU	34,17 €/Jahr	26,50 €/Jahr
KFZ-Versicherung	732,00 €/Jahr	620,93 €/Jahr

(Quelle: TÜV Süd AG, 2010; Kfz-Steuer.de, 2010; Autokostencheck.de, 2010; Boeckle, 2010)

Die KFZ-Steuer des Benziners basiert auf den Regelungen für Neuzulassungen nach dem 1.7.2009. Ausschlaggebend für die Höhe der Steuer sind der Hubraum des Fahrzeuges und der Motortyp. Für Elektrofahrzeuge wurde vereinfachend eine durchschnittliche KFZ-Steuer über die komplette Fahrzeuglebensdauer errechnet, da die ersten fünf Jahre eine KFZ Steuerbefreiung besteht (Zulassungsjahr 2010, bei Zulassung zwischen 18.5.2011 und 31.12.2015 gelten 10 Jahre Steuerbefreiung). Danach ist die Besteuerung abhängig von der zulässigen Gesamtmasse. Für das Referenzfahrzeug fällt nach den ersten fünf Jahren eine jährliche Steuer von 45€ an. Die durchschnittliche

Steuer beträgt somit 26,25€ pro Jahr während des gesamten PKW-Nutzungszeitraumes (Kfz-Steuer.de, 2010).

Die Kosten für die Hauptuntersuchung und die Abgasuntersuchung werden nach den Preisen des TÜV-Süd für die Region Hamburg und einem Durchführungsrhythmus von 24 Monaten berechnet. Für die AU wird gemäß TÜV Preisliste ein 30%iger Rabatt gewährt, da beide Untersuchungen nur noch zusammenstattfinden sollen (TÜV Süd AG, 2010). Für das Elektroauto wird nur die Hauptuntersuchung berücksichtigt. In Zukunft ist es möglich, dass aufgrund spezieller Prüfverfahren wie zum Beispiel der Isolationsüberwachung der Hochvolttechnik gesonderte Preislisten erarbeitet werden (Mayer, 2010b). Ob die Kosten für diese Prüfungen niedriger oder höher als von vergleichbaren konventionellen Fahrzeugen sein werden, ist derzeit jedoch nicht einzuschätzen.

Die Versicherungsprämien für das konventionelle Referenzfahrzeug werden auf Basis von Durchschnittswerten verschiedener Versicherungen für einen VW Polo V 1.2 ermittelt (Autokostencheck.de, 2010). In den Kosten sind eine Haftpflicht- und eine Vollkaskoversicherung mit 70% Beitragssatz und 500€ Selbstbeteiligung inbegriffen. Andere Faktoren die sich auf die Versicherungsprämie auswirken, wie zum Beispiel das Alter des Fahrzeughalters, werden vereinfachend außer Acht gelassen (Autokostencheck.de, 2010). Die Versicherung für das Elektrofahrzeug basiert auf den aktuellen Beitragssätzen der Mannheimer Versicherung AG speziell für elektrisch angetriebene KFZ. Die Haftpflichtversicherung richtet sich nach der Motorleistung und beträgt ab einer Leistung von 10 Kilowatt 133,07 €. Die Prämie der Vollkaskoversicherung errechnet sich nach dem Neuwert des Fahrzeuges inklusive der Batterien. Das Referenzauto liegt in der Preisklasse von 17.500 und 22.500€. Für diese Klasse beträgt die Versicherungsprämie 487,86€ bei 500€ Selbstbeteiligung der Vollkasko und 150€ Selbstbeteiligung in der Teilkasko. Die Versicherungsprämien der Vollkasko decken keine inneren Betriebsschäden ab, also auch keinen vorzeitigen Ausfall der Batterien (J. Boelcke, persönl. Mitteilung vom 14.Juli 2010).

Anhang A.5 - Kosten für Wartung, Instandhaltung und Batteriewechsel

Neben den Kosten für Strom bzw. Benzin muss der Fahrzeughalter Aufwendungen für Wartungs- und Instandhaltungsarbeiten einkalkulieren. Wartungsarbeiten sind vom Hersteller vorgegebene Komponentenprüfungen bzw. -wechsel in bestimmten Abständen. Die aufzubringenden Kosten für die Wartung sind somit bereits beim Fahrzeugkauf absehbar und relativ verlässlich zu kalkulieren. Für das Referenzfahrzeug mit Ottomotor werden die Wartungskosten hersteller- und modellabhängig über das Internetportal autokostencheck.de ermittelt (2010). Tabelle 43 fasst alle Wartungs- und Instandhaltungskosten für beide Antriebsstränge zusammen.

Tabelle 43: Wartungs- und Instandhaltungskosten für das Referenzfahrzeug

	Benziner	BEV
Wartung	2,20 ct/km	2,03 ct/km
Instandhaltung	3,40 ct/km	3,40 ct/km

(Quelle: basierend auf Daten aus DAT-Report, 2010, S.36, S.38; VW, 2009; Daparto.de, 2010; Autokostencheck.de, 2010)

Die Wartungskosten für das elektrische Fahrzeug basieren auf dem Wartungsplan des VW Polo (VW, 2009) und den Wartungskosten der Benziner-Variante. Durch eine Analyse des Wartungsplanes werden alle Arbeiten und Teile identifiziert, die für ein Elektroauto nicht relevant sind. Dies sind hauptsächlich:

- Ölwechsel alle 15.000km
- Zündkerzenwechsel alle 60.000km
- Luftfilterwechsel alle 90.000km

Auf Basis der durchschnittlichen Preise werden für alle aufgeführten Positionen kilometerabhängige Kosten gebildet, die dann von den Wartungskosten des konventionellen Fahrzeuges abgezogen werden. So ergibt sich ein Kostenvorteil von rund 0,17 ct/km für das Elektroauto.

Neben den vorgesehenen Wartungsarbeiten können ungeplante Instandhaltungsmaßnahmen anfallen, wenn weitere Verschleißteile ausgewechselt oder Komponenten repariert werden müssen. Die Instandhaltungskosten lassen sich zwar auch in Kosten pro Kilometer ausdrücken, die Höhe hängt jedoch stark von der Jahresfahrleistung ab (DAT-Report, 2010, S.36). Die im Jahr 2009 durchschnittlichen Aufwendungen für Verschleißreparaturen betrugen 4,0 ct/km bei einer Jahresfahrleistung von 10.000km und 1,6 ct/km bei jährlichen Fahrstrecken von 30.000km (DAT-Report, 2010, S.36). Weil für die Berechnung der Versicherungskosten ebenfalls, unabhängig von den in dieser Arbeit betrachteten Fahrprofilen, vereinfachend eine Jahresfahrleistung von 15.000km angenommen wird, soll dieser Wert auch für die Berechnung der Verschleißreparaturen zugrunde gelegt werden. Durch Interpolation der oben genannten Werte ergeben sich Instandhaltungskosten von 3,4ct/km. Diese Kosten werden für beide Antriebsstränge angenommen, da es im Rahmen dieser Arbeit nicht möglich ist die Kosten für Verschleißreparaturen am Motor und der Abgasanlage abzuschätzen. Jedoch kann festgestellt werden, dass die Häufigkeit dieser Schadensarten mit steigendem Fahrzeugalter zunimmt. Bei Fahrzeugen, die 8 Jahre und älter sind, weisen mindestens 10% des gesamten Bestandes Schäden an Motor und Abgasanlage auf (DAT-Report, 2010, S.34). Deshalb ist anzunehmen, dass die Instandhaltungskosten für Elektroautos vor allem bei hohem Alter geringer als von verbrennungsmotorischen Fahrzeugen sind.

Die Batterie betreffend fallen bei der Lithium-Ionen-Technologie über die Batterielebensdauer keine Wartungsarbeiten an. Instandhaltungsarbeiten werden nötig, falls eine oder mehrere Zellen vorzeitig ausfallen. Jedoch gibt es noch keine verlässlichen Zahlen über die Ausfallraten der Zellen im täglichen Fahrzeugeinsatz, weshalb die Instandhaltungskosten noch nicht abgeschätzt werden können.

Wenn ein Wechsel der Batterie nötig ist, fallen neben dem Preis für das neue Batteriemodul auch Kosten für den ausführenden KFZ-Betrieb an. Die Kosten für diese Arbeiten werden auf 63,43€ geschätzt, basierend auf dem ab 1.7.2011 geltendem Tariflohn eines Facharbeiters für das KFZ Gewerbe in Hamburg und der durchschnittlichen Kapitalverzinsung eines KFZ-Fachbetriebes im Jahr 2009 (IG Metall Küste, 2010, S.2; Zentralverband Deutsches Kraftfahrzeuggewerbe Jahresbericht 2009, S.10). Der Lohnsatz ab dem 1.7.2011 wird gewählt, da in den Wirtschaftlichkeitsbetrachtungen davon ausgegangen wird, dass ein planmäßiger Batteriewechsel frühestens nach einem Jahr nötig ist. Weiterhin wird angenommen, dass für die Arbeiten zwei Fachkräfte, die auch über ausreichende Qualifikationen in der Hochvolttechnik verfügen müssen, ca. 1 Stunde für den Ausbau der alten und 1 Stunde für den Einbau der neuen Module benötigen. Der Zeitaufwand wird in Zukunft besonders davon abhängen, wie die Batterien im Fahrzeug verbaut sind. Derzeit sind viele Systeme in den Kofferraum integriert, was eine leichte Erreichbarkeit gewährleistet.

Anhang B - Graphische Darstellung der Sensitivitätsanalyse

In diesem Kapitel werden die detaillierten Ergebnisse der Sensitivitätsanalyse graphisch dargestellt. Eine Beschreibung der Ergebnisse findet sich in Kapitel 6.2.

Anhang B.1 - Variation des Benzinpreises

Die Mobilitätskosten des Benziners werden untersucht, indem der zu erwartende Benzinpreis für das Jahr 2030 variiert wird. Die Mobilitätskosten in „ct/km" setzen sich zusammen aus den barwertbezogenen Gesamtkosten der Fahrzeugnutzung, welche auf die Gesamtfahrleistung umgelegt werden.

Die Variation des Benzinpreises wird für alle drei Fahrprofile durchgeführt. Die sich ergebenden Mobilitätskosten sind in den Abbildungen rot dargestellt. Darüber hinaus sind die konstanten Mobilitätskosten der einzelnen Eigentumsmodelle eingezeichnet, um zu zeigen, welches Ölpreisszenario jeweils nötig wäre, um eine Wirtschaftlichkeit zu gewährleisten. Zum besseren Vergleich sind zusätzlich die Mobilitätskosten des in der Arbeit verwendeten Ölpreisszenarios dargestellt.

Abbildung 30a-c: Mobilitätskosten des Benziners in Abhängigkeit von der Benzinpreisentwicklung

a) Fahrprofil „Berufstätiger Vollzeit"

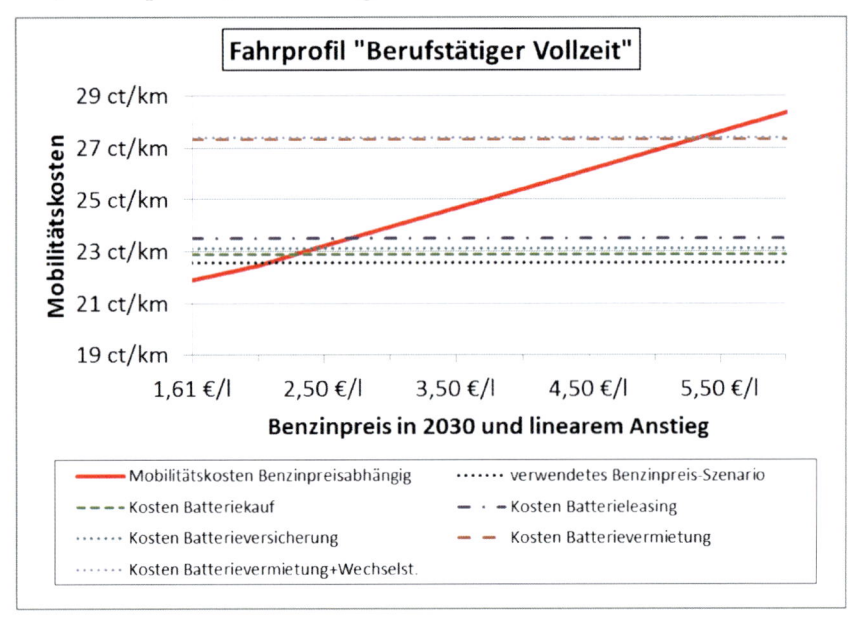

b) Fahrprofil "Berufstätiger Teilzeit"

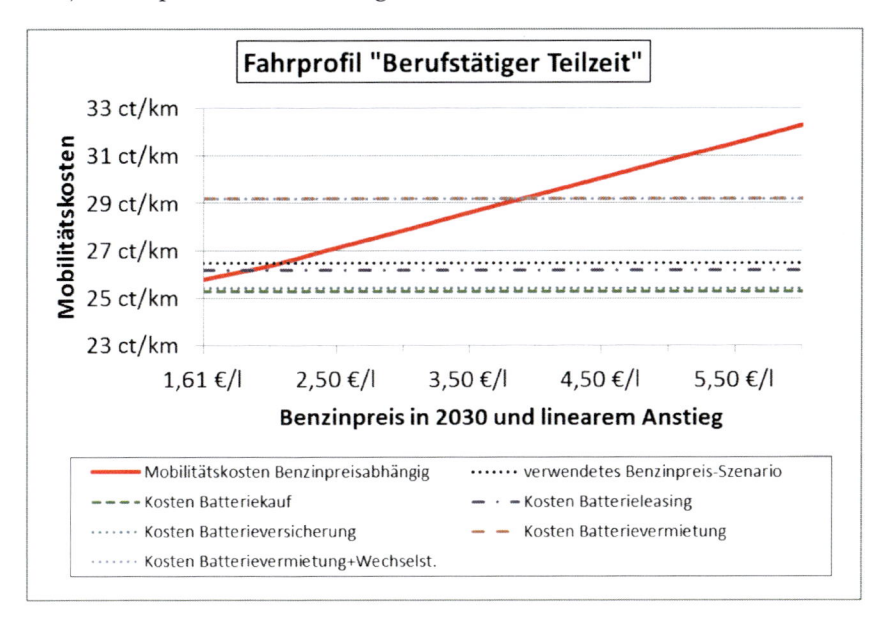

c) Fahrprofil "Hausfrau/-mann"

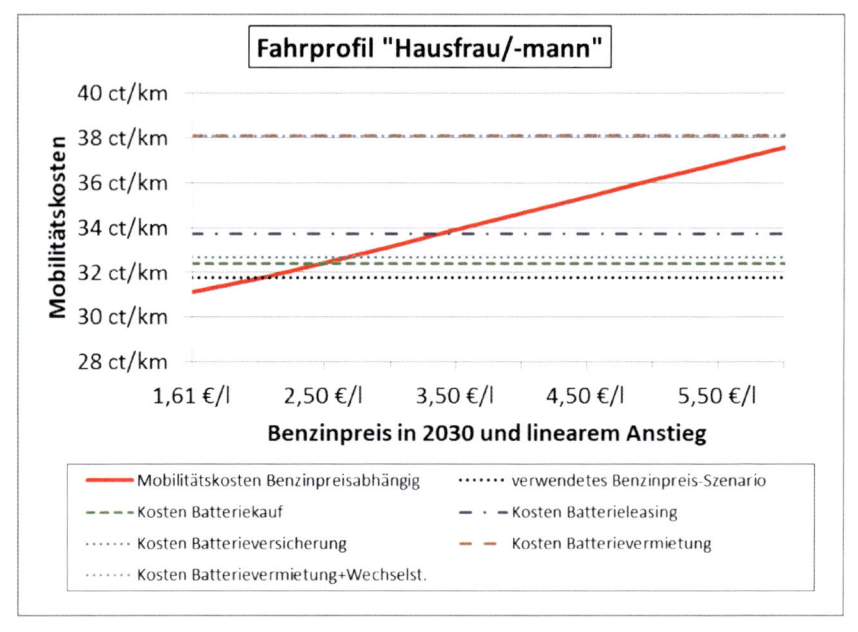

(Quelle: Eigene Berechnungen)

Anhang B.2 - Variation des Zellpreises der Referenzbatterie

Die Variation der Zellpreise wird für alle drei Fahrprofile durchgeführt. In der Abbildung sind die Mobilitätskosten der Eigentumsmodelle in Abhängigkeit vom Zellpreis dargestellt. Die aktuellen Mobilitätskosten des Benziners sind ebenfalls abgebildet. Damit abgeschätzt werden kann, ob in Zukunft eine Wirtschaftlichkeit der Geschäftsmodelle zu erwarten ist, ist neben dem aktuellen Zellpreis auch der prognostizierte Preis für das Jahr 2025 dargestellt. Der Break-Even Point gibt an, ab welchem Zellpreis das Eigentumsmodell „Batteriekauf" wirtschaftlich betrieben werden kann.

Abbildung 31a-c: Mobilitätskosten in Abhängigkeit von der Zellpreisentwicklung

a) Fahrprofil „Berufstätiger Vollzeit"

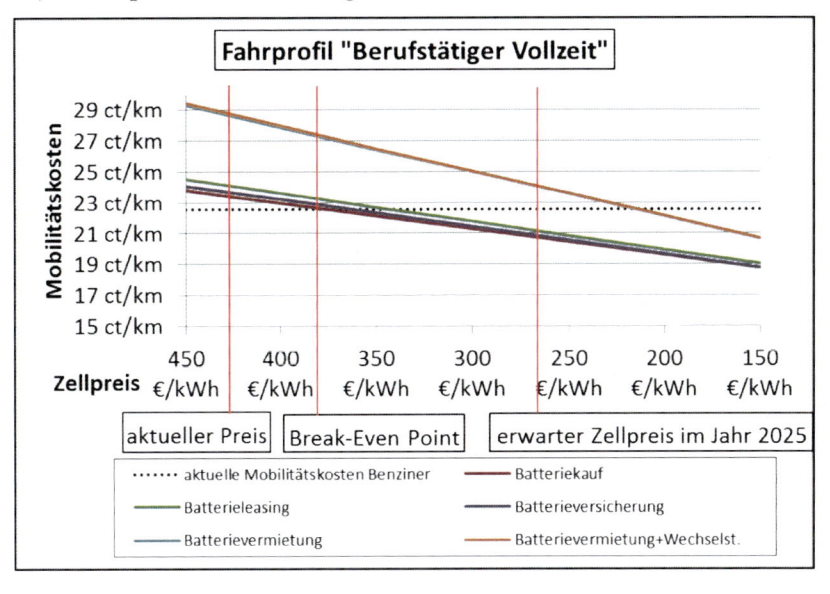

Fahrprofil "Berufstätiger Vollzeit"

Mobilitätskosten (ct/km) vs. Zellpreis (€/kWh)

- aktueller Preis: 450 €/kWh
- Break-Even Point: 350 €/kWh
- erwarter Zellpreis im Jahr 2025: 250 €/kWh

Legende:
- ······ aktuelle Mobilitätskosten Benziner
- —— Batteriekauf
- —— Batterieleasing
- —— Batterieversicherung
- —— Batterievermietung
- —— Batterievermietung+Wechselst.

b) Fahrprofil "Berufstätiger Teilzeit"

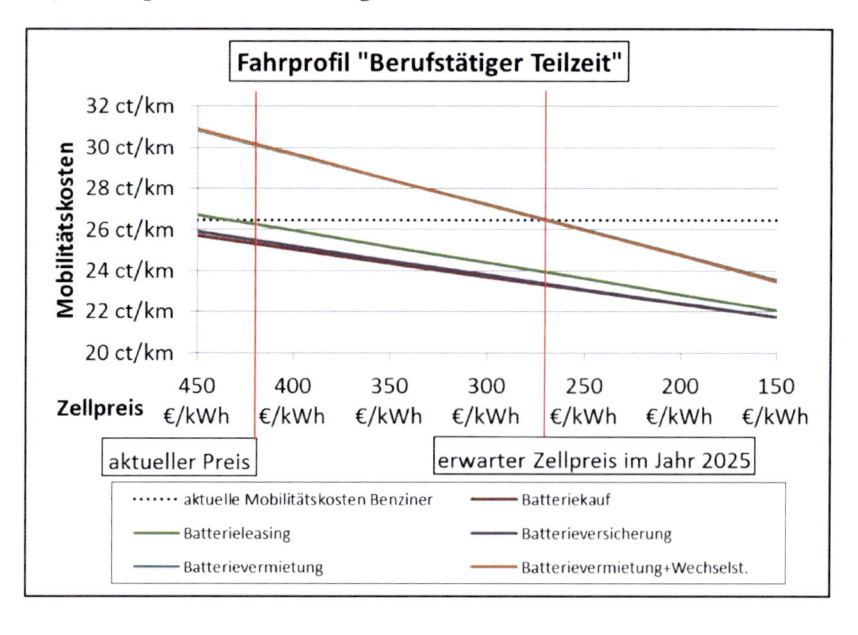

c) Fahrprofil "Hausfrau/-mann"

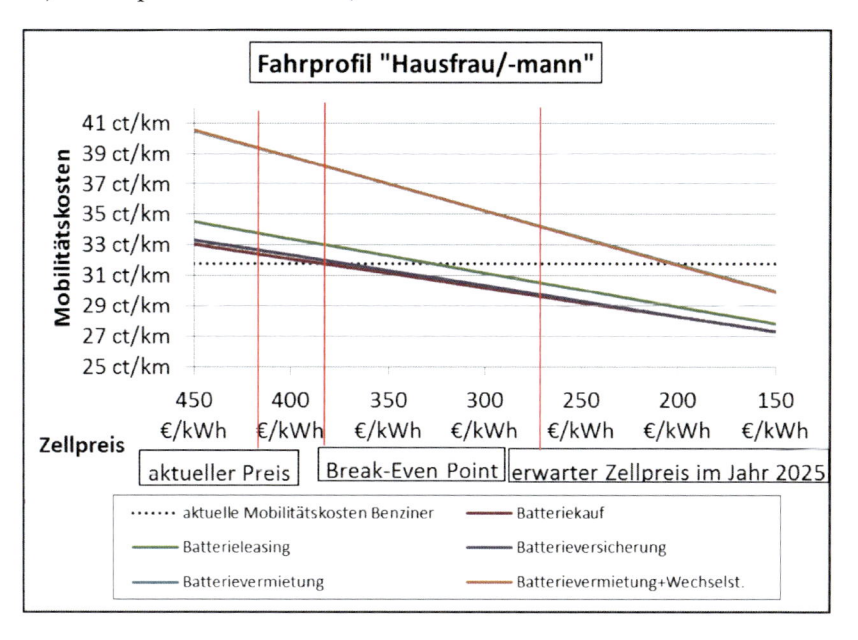

Fahrprofil "Hausfrau/-mann"

[Diagramm: Mobilitätskosten (ct/km) vs. Zellpreis (€/kWh); Linien für aktuelle Mobilitätskosten Benziner, Batteriekauf, Batterieleasing, Batterieversicherung, Batterievermietung, Batterievermietung+Wechselst.; Markierungen: aktueller Preis, Break-Even Point, erwarter Zellpreis im Jahr 2025]

(Quelle: Eigene Berechnungen)

Anhang B.3 - Variation der Batterieausfallraten und Lebensdauerverkürzungen

Die Ergebnisse der Variation der Batterieausfallraten sind für das Fahrprofil „Berufstätiger Vollzeit" und „Berufstätiger Teilzeit" in den folgenden Abbildungen dargestellt. Das Fahrprofil „Hausfrau/-mann" wird nicht betrachtet, da es mit dem Berufstätigen Teilzeit identische Ergebnisse liefert. Abbildung 32 zeigt die resultierende, jährliche Risikoprämie bei Variation der Zellausfallrate. In Abbildung 33 ist die Risikoprämie in Abhängigkeit von der eintretenden Lebensdauerverkürzung veranschaulicht. Aus Gründen der Übersichtlichkeit werden nur die Batterieversicherung und das Batterieleasing betrachtet. Die schwarz gestrichelte Linie gibt die aktuellen Einsparungen der Kfz-

Versicherung für Elektrofahrzeuge gegenüber einem konventionellen Benziner an. Somit lässt sich direkt aus der Grafik ablesen, welche Ausfallraten maximal noch möglich sind, um zu gewährleisten, dass die Beitragssätze für beide Antriebsstränge identisch sind.

Abbildung 32: jährliche Risikoprämie bei Variation der Zellausfallrate

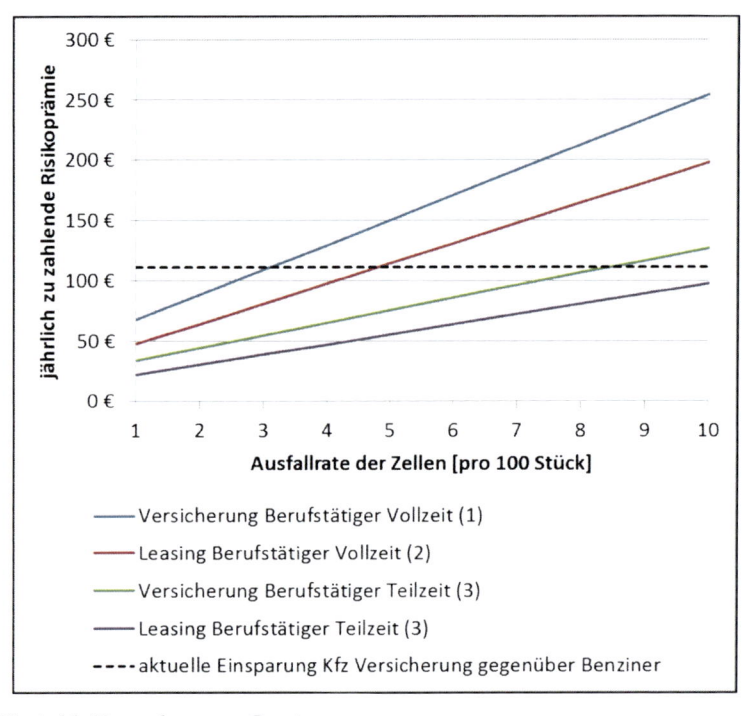

(1) inkl. Verwaltung u. Gewinn
(2) ohne Verwaltungs-, Finanzierungskosten und Gewinn
(3) identische Werte für das Fahrprofil "Hausfrau/-mann"

(Quelle: Eigene Berechnungen)

Abbildung 33: jährliche Risikoprämie bei Variation der Lebensdauerverkürzung

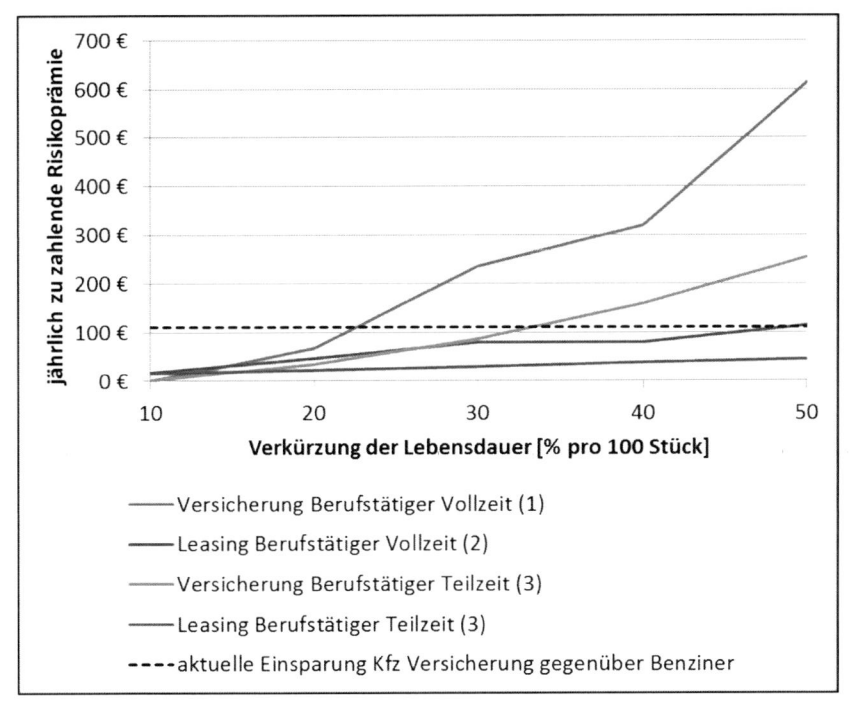

[Diagramm: jährlich zu zahlende Risikoprämie (0 € – 700 €) gegen Verkürzung der Lebensdauer [% pro 100 Stück] (10 – 50)

— Versicherung Berufstätiger Vollzeit (1)
— Leasing Berufstätiger Vollzeit (2)
— Versicherung Berufstätiger Teilzeit (3)
— Leasing Berufstätiger Teilzeit (3)
---- aktuelle Einsparung Kfz Versicherung gegenüber Benziner]

(1) inkl. Verwaltung u. Gewinn
(2) ohne Verwaltungs-, Finanzierungskosten und Gewinn
(3) identische Werte für das Fahrprofil "Hausfrau/-mann"

(Quelle: Eigene Berechnungen)

Anhang B.4 - Variation der Batteriegröße

Der Einfluss der Batteriegröße auf die Mobilitätskosten ist für alle Eigentumsmodelle in Abbildung 34 dargestellt. Es werden wieder die drei Fahrprofile betrachtet. Die eingezeichneten, aktuellen Mobilitätskosten des Benziners geben die Wirtschaftlichkeitsgrenze an. Aus Gründen der Übersichtlichkeit wird das

Geschäftsmodell der Batterievermietung mit Wechselstationen nicht mehr eingezeichnet, da es nahezu identische Werte mit der einfachen Batterievermietung aufweist.

Abbildung 34a-c: Mobilitätskosten bei Variation der Batteriekapazität

a) Fahrprofil „Berufstätiger Vollzeit"

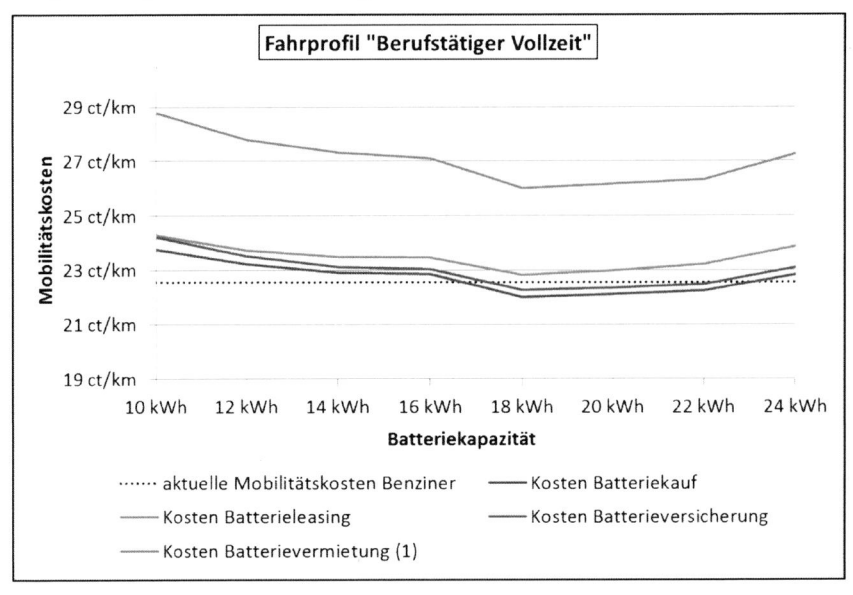

b) Fahrprofil „Berufstätiger Teilzeit"

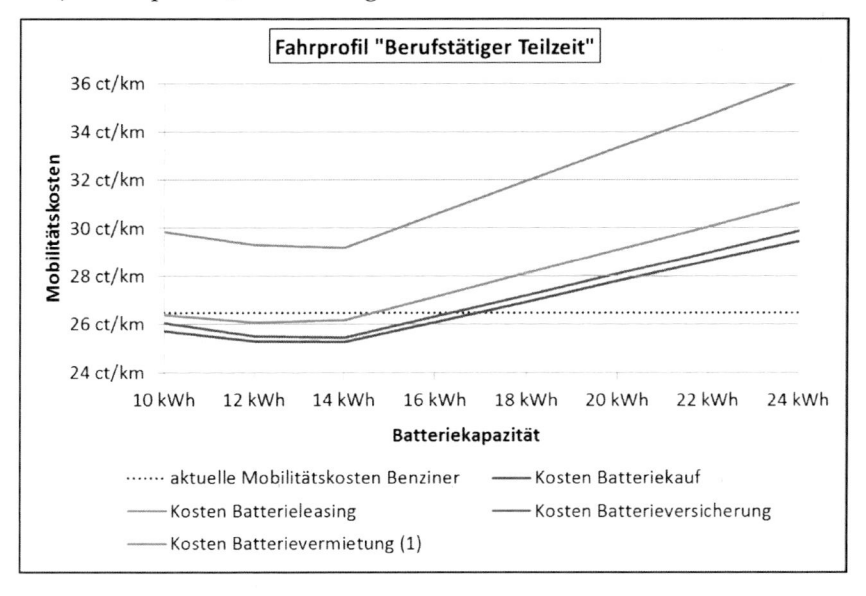

Fahrprofil "Berufstätiger Teilzeit"

Mobilitätskosten (ct/km) vs. *Batteriekapazität* (kWh)

- .... aktuelle Mobilitätskosten Benziner
- ——— Kosten Batteriekauf
- ——— Kosten Batterieleasing
- ——— Kosten Batterieversicherung
- ——— Kosten Batterievermietung (1)

c) Fahrprofil „Hausfrau/-mann"

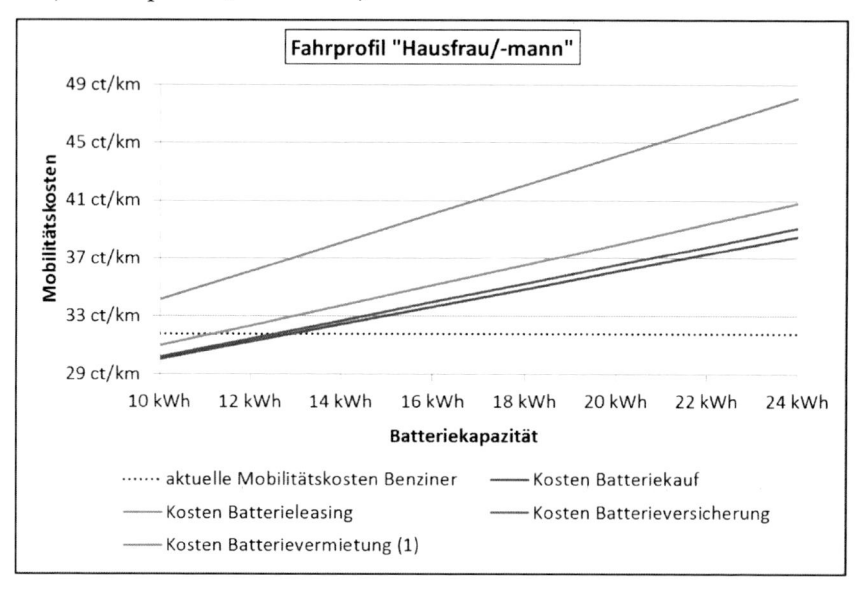

Fahrprofil "Hausfrau/-mann"

Mobilitätskosten (y-Achse: 29 ct/km bis 49 ct/km)
Batteriekapazität (x-Achse: 10 kWh bis 24 kWh)

- ······ aktuelle Mobilitätskosten Benziner
- ―― Kosten Batteriekauf
- ―― Kosten Batterieleasing
- ―― Kosten Batterieversicherung
- ―― Kosten Batterievermietung (1)

(1) Werte nahezu identisch mit dem Konzept der Batterievermietung + Wechselstationen

(Quelle: eigene Berechnungen)

eMobilitätOnline PRINT
FACHVERLAG FÜR ELEKTROMOBILITÄT

www.emobilitaetonline.de/verlag

Über eMobilitätOnline Print

eMobilitätOnline Print ist der neue Fachverlag für Elektromobilität. Anfang 2013 in Panketal bei Berlin gegründet ist der Verlag eine Erweiterung des Kompetenz- und Anwenderportals eMobilitätOnline.de.

Der Verlag ist aus der Überzeugung heraus entstanden, dass Elektrofahrzeugen eine wichtige Rolle in der Mobilität der Zukunft zukommt und umfangreiche Informationen dabei helfen, bereits jetzt den Weg dafür zu bereiten und bei privaten Anwendern und Unternehmen Akzeptanz zu schaffen.

Ziel des Verlages ist es, neueste wissenschaftliche Erkenntnisse und technische Entwicklungen aus Forschung und Wirtschaft einem möglichst breitem Fachpublikum zugänglich zu machen und so die Markteinführung von Elektrofahrzeugen nachhaltig voranzubringen.

Alle Veröffentlichungen sind bei stationären Buchhandlungen sowie den großen Online-Buchhändlern erhältlich.